深圳综研软科学基金会资助出版

STUDY ON INVESTMENT ENVIRONMENT OF THE CITY IN CHINA

STUDY ON INVESTMENT ENVIRONMENT OF THE CITY IN CHINA

CDI城市化与公共政策研究文辑（2011）

# 中国城市投资环境研究

刘容欣 | 著

中国经济出版社
CHINA ECONOMIC PUBLISHING HOUSE

北 京

**图书在版编目（CIP）数据**

中国城市投资环境研究/刘容欣著

北京：中国经济出版社，2011.9

ISBN 978－7－5136－0898－5

Ⅰ.①中… Ⅱ.①刘… Ⅲ. 城市—投资环境—研究—中国 Ⅳ. F299.23

**中国版本图书馆 CIP 数据核字（2011）第 142804 号**

责任编辑　吴航斌

责任审读　贺　静

责任印制　张江虹

封面设计　华子图文

**出版发行**　中国经济出版社

**印 刷 者**　北京市昌平区新兴胶印厂

**经 销 者**　各地新华书店

**开　　本**　710mm×1000mm　1/16

**印　　张**　14.25

**字　　数**　182 千字

**版　　次**　2011 年 9 月第 1 版

**印　　次**　2011 年 9 月第 1 次

**书　　号**　ISBN 978－7－5136－0898－5/F・8967

**定　　价**　38.00 元

**中国经济出版社** **网址** www.economyph.com **社址** 北京市西城区百万庄北街 3 号 **邮编** 100037

本版图书如存在印装质量问题，请与本社发行中心联系调换（联系电话：010－68319116）

# 摘　要

中国改革开放30多年的经济增长是工业化和城市化共同推进的过程，工业化使中国成为了以“世界工厂”而著称的制造业大国，城市化更是肩负着将中国广大的农村地区变为城市，将数以亿计的农业人口转为城市居民的重任。城市化对于中国经济社会的发展正在发挥着越来越重要的作用，投资的增长、消费的扩张都将以城市化为契机，服务业的提升以及更多就业机会的创造也与城市化紧密相关。随着城市化率的不断提高、城市数量的增长以及规模的扩张，城市化的质量问题需要加以关注，城市化进程中的一系列矛盾问题应该在发展的同时逐步加以解决。

城市化伴随着投资或称之为资本的流动，城市在发展的进程中为获取有限的资本就要不断改善和优化自身的硬件设施和软件基础，创造良好的投资环境。投资环境的改善能够在经济实力、产业基础、人力资源、公共服务以及管理制度等诸多方面解决城市化所面临的问题，有助于城市化质量的提升，这不仅是经济发展的需要，同时也是社会进步的需要，对于推进我国的城市化进程具有重大意义。

本书对于投资环境的研究是在中国城市化进程的背景下提出，关注城市的可持续发展和区域的协调发展等重大问题。首先，本书以投资环境研究的相关理论和国内外研究现状为基础，对城市投资环境的系统进行了全面的梳理，分析了城市投资环境的内部环境和外部环境，并对其功能及演化机制进行了深入探讨。其次，本书尝试采用客观指标和主观指标两套系统来对城市的投资环境进行评价，客观指标是指在总量、质量和流量3个要素下，选择了25项统计指标，其中以质量指标为主，总量指标和流量指标为辅。主观指标评价方面则借用了TEEMA的投资者调查问卷所设计的指标体系，同时也利用其调查问卷结果对城市的投资环境进行评价。本书评价的城市样本是在我国长江三角洲（简称长三角）、珠江三角洲(简称珠三角)、环渤海经济区(简称环渤海)和中西部地区四大代表性区域中选择了12个较具代表性的城市,因而对这些城市投资环境的评价在某种程度上也代表了对其所在区域投资环境的评价。

从四大区域12个城市的投资环境的客观统计指标体系对比中可以看出,长三角地区在行政架构、自然资源、经济实力和社会发展水平等多个领域均存在着明显的优势,在经济总量和流量上占有绝对优势,表明其经济基础扎实,城市集散功能强。而珠三角地区的发展模式是建立在与港澳、东南亚地区紧密联系的外向型经济模式上,直接参与国际链的循环。珠三角地区人的思想比较开放,而且毗邻中国香港,管理思想和商业意识较强,在市场经济建设和所有制结构等方面存在着比较优势,在发展质量上处于领先水平,但城市的集散功能相对较弱。环渤海经济区开放时间相对较短,各项设施正在进一步完善中,发展潜力巨大,势必会成为我国未来经济增长的重要力量。中西部地区起步相对较晚,但随着"中部崛起"和"西部大开发"的政策倾斜,投资环境不断优化,具备相当强劲的发展潜力。

在以客观指标和主观指标对12个样本城市进行定量化评价的基础上,本书还通过定性分析的方法对这些城市的优劣势进行了一些深入的分析,重点针对投资环境具有突出优势和劣势的城市,并提出了两类城市改善投资环境的不同思路。投资环境的优劣势并非一成不变,在有些情况下则可能会发生逆转。根据目前国内城市发展中普遍存在的同质化竞争现象,本书提出城市改善投资环境的差异化发展思路。

本书在最后的部分提出了改善投资环境的基本思路与对策,建议首先要树立城市可持续发展的理念,提高城市的综合经济实力依然是重要的基础,降低城市的营商成本始终是投资者非常关注的问题,规范政策法规环境是优化投资软环境的关键着力点,强化自主创新能力是提升城市竞争力的长远之策,转变政府职能提高行政效率越来越体现为投资者对城市管理者的要求,而所有的对策最终还是要在招商引资环节中的一系列有效举措中体现。

# Abstract

With its Reform and Opening-up policy for over 30 years, China has been making great achievements through industrialization and urbanization. Industrialization made China renowned as the "World Factory". Urbanization served as a pathway to transform the mass of rural areas into urban land and rural people to urban population. Urbanization plays an increasingly important role in economic and social development by boosting investment and consumption, and creating plenty of jobs. The rate of urbanization is on a rise due to the increase of cities and expansion of city scale. However, problems concerning the quality of urbanization begin to emerge. Contradictions happened in the process of urbanization should get solved.

Investment or capital flow is critical to urbanization. To attract investment, the city should optimize its hardware and software infrastructures and create good investment environment including economic strength, industrial foundation, human resources, public services, and management institution.

The book conducted its research on investment environment focusing on the sustainable and coordinated development of urbanization in China. Based on the current research at home and abroad, the book has analyzed the interior and exterior investment environment of the city, and further examined their functions and evolutions. It adopted two systems with objective index and subjective index to evaluate investment environment. Objective index has 25 subindexes with quality, quantity and flux indicators. For the subjective evaluation, the Investors' Questionnaire designed by Taiwan Electrical and Electronic Manufacturers' Association (TEEMA) has been used as major reference. 12 cities in the Yangtze River Delta, the Pearl River Delta, Pan-Bohai Sea Economic Zone, as well as the central and western China has been chosen as samples.

By comparing the results of objective evaluations on the investment environment of sample cities, we found that the Yangtze River Delta has much more advantages in terms of administrative structure, natural resources, economic strength and social development. Cities in this area have outstanding economic foundation and radiation capability with large economic output and flux. The Pearl River Delta gained its growth with the export-oriented model by directly involving in the international industrial chain. Thanks to its closeness to Hong Kong, it is more open to cutting-edge business idea, which determines its leading role among all the sample areas in terms of development quality. Yet it lags behind in diffusion and aggregation. Pan-Bohai Sea Economic Zone is a newly-developed area with great potentials in the future. The central and western China is a late bird. But with the favorable policies from the central government, investment environment is getting better and better.

Besides the quantitative evaluation, qualitative analysis was also used to examine the advantages and disadvantages of these cities. Two different solutions of improving investment climate have been figured out. Considering the homogenized competition is prevalent in China, we propose that the differential development would be a way out for upgrading investment climate.

Policy suggestions have been put forward at the last part of the book. With the concept of sustainable development, we should take top priority in comprehensive competitiveness of cities. For the investor, business cost is always a major concern. Highly regulated environment and efficient administration would be attractive. The capability of self innovation would maintain the vigor of the city in the long run. All of these solutions should be reflected in the whole process of investment invitation.

# >>>目录

## 第三章 城市投资环境系统演绎



## 第四章 城市投资环境评价的指标和样本

## 第五章 样本城市和区域投资环境的评价



## 第六章 典型城市投资环境深度分析

## 第七章 中国城市投资环境的改善

# 第一章 NO.1 导　论

## 第一节　城市化与投资环境

城市是当今人类经济社会活动的重要载体，是国家的重要组成要素，是区域经济的增长极和发动机。经济增长的过程必然会伴随着工业化和城市化，中国的经济增长正在沿着工业化初期、中期到后期的路径推进，城市化的进程也在随着城市数量和规模的扩张而加快发展。本书对于中国城市投资环境的研究正是在中国经济增长和城市化的大背景下提出的。

### 一、中国已步入城市化的关键发展时期

改革开放以来，中国经济持续高速增长，工业化、城市化快速推进，取得了举世瞩目的成就，这不仅使综合国力和国际地位明显提升，人民生活水平发生了翻天覆地的变化，而且对当今世界格局和人类历史进程都产生了深远的影响。

与此同时，城市的发展在中国经济社会中扮演着越来越重要的角色。城市的发展规模日益壮大，已经在全国范围内初步形成以大城市为中心，中小城市为骨干，小城镇为基础的多层次的城市体系，城市数量已从新中国成立前的 132 个增加到 2008 年的 655 个(包括地级和县级)。1949 年我国城市化水平仅 10.6%，而到了 2008 年我国城镇化人口比重已达到

45.68%。在1949—1957年间,城市化进程开始起步,城市化水平从10.6%上升到15.39%。1958—1965年是中国城市化剧烈波动时期,这与国民经济尤其是工业化的大起大落密切相关,城市化水平先从1958年的16.25%上升到1960年的19.75%,然后再下降到1965年的17.98%。在1966—1978年间,城市化进程几乎停滞不前,城市化水平反而下降了0.31个百分点。改革开放以后,城市化步入了正常的发展轨道,城市化水平也大幅度提升。在1979—1996年间,中国城市化水平由17.92%提高到30.48%,提高了12.56百分点,年均增长0.70个百分点,是前29年中国城市化速度的2.5倍,是世界同期城市化平均速度的2倍。在1997—2008年间,城市化水平年均增幅1.33%,是1978—1996年的2倍左右,城市化进入快速发展期。不同时期中国城市化发展速度对比情况见表1-1。

**表1-1 不同时期中国城市化发展速度对比**

| 时期 | 1949—1957 | 1958—1978 | 1979—1996 | 1997—2008 |
|---|---|---|---|---|
| 城市化水平年均增长幅度(百分点) | 0.60 | 0.12 | 0.70 | 1.33 |

资料来源:《新中国五十五年统计资料汇编,1949—2004》、《中国统计年鉴2006、2007、2008》。

在过去的30年里,由于以市场为导向的工业化启动,城市化进程提速,城镇人口比重从1978年的19%升至2007年的48.6%,城市化率增长速度高于世界平均速度的2倍多,但总体上讲中国城市化水平长期滞后于世界平均水平。1990年世界平均城市化水平为43.4%,我国仅达到26.4%,到2007年,世界平均城市化水平为51.8%,我国只有44.9%,发达国家达到了80%。可见,尽管我国城市化率历年一直在提高,但和世界平均水平仍有较大差距,与发达国家相比,差距更是十分明显。表1-2为2007年为中国城镇体系人口规模分布表。

**表 1－2　中国城镇体系人口规模分布表(2007)**

| 规模级 | 设立城市数量 | | 城镇人口 | | 城镇非农业人口 | | |
|---|---|---|---|---|---|---|---|
| | 个数（个） | 比重（%） | 规模（万人） | 比重（%） | 规模（万人） | 比重（%） | 平均规模（万人） |
| >100万 | 58 | 8.85 | 19090.59 | 30.82 | 14830.12 | 46.93 | 255.69 |
| 50～100万 | 82 | 12.52 | 8581.62 | 13.85 | 5601.53 | 17.73 | 68.31 |
| 20～50万 | 232 | 35.42 | 19270.43 | 31.12 | 7410.09 | 23.45 | 31.94 |
| <20万 | 283 | 43.21 | 14983.02 | 24.19 | 3760.12 | 11.9 | 13.29 |
| 合计 | 655 | 100 | 61925.66 | 100 | 31601.86 | 100 | 48.25 |

资料来源:《新中国五十五年统计资料汇编,1949—2004》、《中国统计年鉴 2006、2007、2008》。

在未来较长的时期内,伴随着我国经济的持续增长,城市化仍将保持较快的发展速度。新时期下的城市化发展,呈现出诸多新的特征:一方面,城市化率在不断提高;城市设施在不断完善,城市生活水平在不断提高;另一方面,城市化进程中也引发和显现出了许多问题,需要加以科学引导,以保持继续快速、健康发展。总体来看,中国已进入城市化发展的关键时期,对于一些城市化进程中的重大问题需要给予关注。

一是大城市持续发展,形成了一批中心城市和超大规模的城市。经济中心城市一般承担区域金融、贸易以及生产性服务等多种功能,作为区域经济的控制和决策中心,具有强大吸引能力、辐射能力和综合服务能力,能够渗透和带动周边区域经济发展。按照美国《外交政策》杂志网站文章预测:20 年后世界将经历规模和速度均前所未有的城市化扩张,正在崛起的亚洲,特别是中国和印度两国将在新的城市化时代中扮演重要角色;20 年后亚洲城市人口占全球城市人口比例将由 1950 年时的三分之一增至 55%,印度和中国将拥有全球 30% 的城市人口;20 年后中国人口超大规模的城市数量有可能将达到数十个,像北京、上海、天津、广州、重庆等中心城市均有可能发展成为超大规模的城市,从而形成世界级的城市群。

二是小城镇快速发展推进城市化进程。在过去相当长的一段时期内,大批小城镇在各种力量带动下成长为小城市,成为我国城市化进程的生力军。目前,我国的小城镇随着经济发展快速成长,对城市化进程产生了极大的推动作用。伴随着我国以大中城市为中心,积极带动中小城镇、“卫星”城镇的发展模式,我国中小城镇的发展将迎来新一轮的历史机遇,这也为城市化的快速推进奠定了坚实基础。

三是区域间的均衡发展对城市化提出了新的要求。伴随着国家中部崛起、西部大开发以及振兴东北工业基地等区域战略的实施,对城市化的协同化发展提出了更高的要求。我国城镇和城镇人口主要集中于东部沿海地区,东部地区城市化水平较高,城市化率达到50%以上,而西部只有30%左右,东西部地区相差近20个百分点。因此,加快中西部地区的城市化进程,是推动中西部地区经济发展的重要途径,也是我国经济社会发展的迫切要求。

从目前的发展现状和未来的发展趋势来看,中国城市化进程正处于加速发展赶超世界平均水平,到2020年实现城市化率60%的关键时期。因此,如何促进和加快中小城镇的发展,继续推动多方力量投入到我国城市化进程中,成为城市化加速发展的一个关键。同时,推动沿海地区世界级城市群的发展,能为我国城市化进程增添巨大的亮点。而消除城市化进程的区域失衡也是我国城市化面临的巨大挑战,如何继续促进中西部地区经济社会发展,加快中西部地区城市化进程将成为未来我国城市化的一个艰巨任务。没有中西部地区的城市化,我国的城市化也就不是一个完全的城市化。

## 二、城市化对中国经济社会发展作用显著

城市发展的作用越来越重要,中国的经济发展目标和城市化密不可分。中共十七大会议上提出的目标是到2020年人均GDP在2000年的水平上翻两番,能否实现这一目标将在很大程度上取决于中国的城市化进程。

第一,城市化是扩大消费需求的重要推动力。世界城市化研究表明,农村人口向城市的迁移过程,将会产生巨大的消费“累计效应”。测算和

研究表明,目前1个城镇居民的消费水平大体相当于3个农民的消费水平[①],城市化率每提高1个百分点,约可以拉动最终消费增长1.6个百分点。由于我国人口基数大,如果城市化率提高1个百分点,就有超过1000万人口由农村进入城市,居民消费总额大约增加1600亿元。按照这个预测,如果中国城市化率在未来10年左右提高10~15个百分点,仅居民消费就可以拉动2万亿元以上。

第二,城市化是拉动国内投资需求的重要抓手。城市化对拉动国内投资需求的潜力也巨大。以房地产数据为例,测算表明,每增加1个城市居民,城市需要新增固定资产投资50万元[②],如果城市化率每年提高1个百分点,带来的年投资需求超过5万亿元,对钢铁、水泥、建材、家具、家电等相关行业将产生重要的拉动作用。

第三,城市化是加速现代服务业发展的助推剂。现代服务业(第三产业)在三次产业结构中的比重,是反映一个城市现代化程度的重要标志。从世界城市化的一般规律看,城市化是服务业发展的重要载体,城市化的发展,将会吸引产业的聚集,形成较为密集的人口,带来较强的消费需求和能力,创造更多的就业机会,促进城市基础设施的不断完善,从而推动服务业的快速发展。

我国第三产业的比重低于世界平均水平,很重要的一个因素是现代服务业的发展相对滞后,现代服务业的比例明显偏低,产值结构和就业结构落后于世界平均水平。以2007年为例,中国服务业比重(40.4%)不仅远低于发达国家(美国2000年为74.6%,高收入国家2000年平均为70.1%),甚至低于低收入国家水平(低收入国家2000年平均水平为47.5%,印度2007年为52.8%)。

城市化水平提升对服务业发展具有明显的带动效应。研究表明,城市化率和服务业比重之间的关联系数为0.94,城市化率每提高1个百分

① 我国农民人均生活消费支出相关因素的回归分析,2009。

② 城市联合信息网 http://www.city-net.cn/p!newsDetail.do?news.id=5264。

点可以带动服务业增加值比重上升 0.77 个百分点。城市化对提升现代服务业的质量也发挥着重要作用，随着收入水平的不断提高，居民的消费档次将逐渐拉开，不断分化和提升，以满足不同消费者的需求；同样，与现代经济相联系的服务业以城市规模为条件，文化教育、金融保险、房地产业、信息服务业等具有较高人力资本和知识资本含量的生产者服务业均适于在大中城市发展。实证分析也表明，凡是国际性大都市，服务业比重一般要在 70% 以上，发达国家 60% 的产值集中在服务业，并且主要集中在城市。

第四，城市化能为创造就业提供重要载体。服务业是拉动就业增长的重要产业，而城市是服务业的主要载体，城市化对就业的带动作用集中体现为城市化对服务业就业的带动作用。《2000 年世界发展报告》的统计表明，在 1960—1980 年期间，发达国家在制造业中就业的人数比重一直徘徊在 30% 左右，制造业产值比重则从 40% 降为 37%；但同期城市化水平却从 68% 上升到 78%，正是服务业拉动就业导致这一变化。这段时期的服务业就业人数比重从 44% 提高到 56%，服务业的产值比重也从 54% 提高到 60%。

根据麦肯锡全球研究院 2008 年对我国城市化的调研现状及趋势分析结论，我国城市将在社会发展进程中发挥越来越重要的作用，主要观点及结论体现在以下几个方面。

一是城市化和中国强劲的经济增长相辅相成。在过去的 20 年内，城市是中国 GDP 增长的主要驱动因素，而且在未来的 20 年，这一情况将更为显著。中国城市 GDP 占全国 GDP 的比例将由 2007 年的 75% 增加到 2025 年的 95%。

二是私营部门的投资主要集中在中国的城市。在过去的 10 年内，中国总体 GDP 增长的 50% 来自于城市固定资产的投资，2007 年支出最高达到 6.4 万亿人民币。如果这一趋势继续下去，到 2025 年，总体城市投资额将超过 24 万亿人民币，占到总固定投资额的比例将从 2007 年的

79%上升到2025年的93%。

三是个人消费的增长也主要出现在城市,因为中国快速增长的中产阶层主要集中在城市。从1990—2005年期间,中国城市消费市场崛起为一支独立的增长引擎,占总体GDP增长的26%。城市消费在GDP所占的比例将从2005年的25%(或3.9万亿人民币)增加到2025年的33%(21.7万亿人民币)。

按照目前的发展趋势,中国的城市人口将从2005年的5.72亿增加到2025年的9.26亿(图1-1)。可以从下面的比较看出,这一规模之巨——新增的3.5亿多城市居民相当于今天美国的全国人口。到2030年,中国的城市人口有望达到10亿。

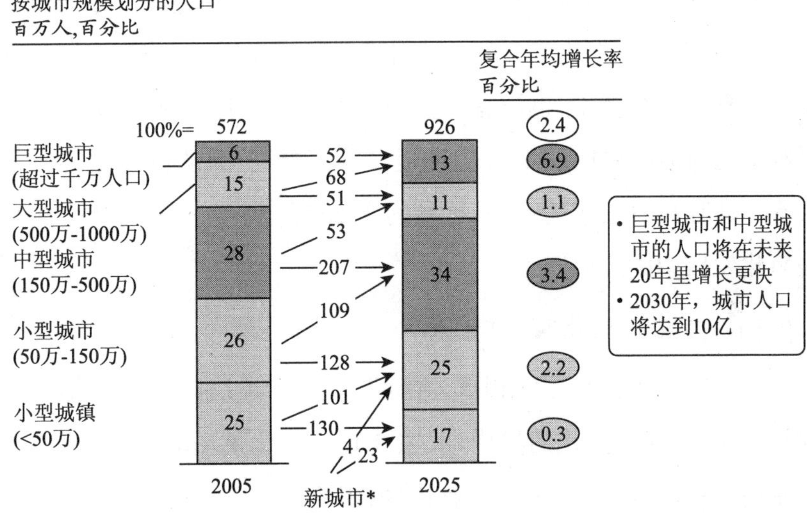


**图1-1 2005—2025年中国城市发展概况图**

注:数据来源于麦肯锡中国城市研究:中国正朝着2030年城市人口达到10亿的目标迈进。

到2025年,中国城市将崛起成为一个重要的全球市场,其消费总量和可支配收入将分别达到德国同期水平的将近两倍和两倍以上。中国城市消费量在2008—2025年的增量,就足以创造一个相当于2007年德国市场总规模的新市场。

## 三、中国的城市化仍面临不少突出问题

我国的城市化进程正处于加速发展的中期阶段，特大城市和城市群率先发展，大中小城市和小城镇协调发展成为当前城市化发展的主要特征和内容。由于中国城市化的区域差异性很大，部分城市化先行地区已经进入了城市化发展的后期，城市化率超过了60%。尽管中国的城市化率不断提高，从城市的数量规模上来看扩张得很快，但用国际上一些城市化考核指标来看，中国的城市化水平其实存在一定程度的“名不副实”。我国的城市化不仅滞后于相同发展阶段国家的平均水平，而且滞后于实际的经济发展水平、工业化水平、非农就业水平。如果考虑部分人口在统计上已为城市人口，但由于户籍制度限制、公共服务不足等原因，并没有真正融入到城市社会中，也没有享受到城市现代文明，我国城市化的实际水平则更为滞后。中国的城市化进程在加速推进，但从城市化的质量方面来看却还存在着较多的问题，这些问题如果解决不好，有可能会成为未来城市化发展中的阻碍因素。

### （一）城市化明显滞后于工业化

工业化与城市化是相辅相成，互促互动的。发达国家工业化与城市化的规律表明：在工业化的早中期，主要是工业化带动城市化；在工业化的中后期，主要是城市化整合工业化、城市化推动工业化。按照日本、美国的经验，两国人均GDP在1000美元时，城市化率分别超过60%，而我国同期仅为36%。

另一组数据也同样表明，我国城市化是落后于工业化的。根据经济学家分析得出[①]，城市化率与工业化率之间的合理比例范围是1.4~2.5:1，从

---

① 中国城市化进程中的滞后城市化、超前城市化与城市中空化趋势 http://www.csscipaper.com/chinaeconomics/quyujingjililun/125543_2.html。

表 1－3 中可以看出，改革开放以来，我国城市化率与工业化率的比值远远小于合理比例。1978 年该比值为 0.42，与合理比例相差甚远；到 2007 年时该比值上升为 0.92，但仍然滞后于合理比例。这说明我国工业化的发展没有很好地推动城市化的发展，我国城市化相对于工业化而言仍处于滞后状态。

**表 1－3　1978—2007 年城市化率与工业化率对比表**

| 年份 | 城市化率 | 工业化率 | 城市化率/工业化率 |
|---|---|---|---|
| 1978 | 17.92 | 43.13 | 0.42 |
| 1980 | 19.39 | 44.04 | 0.44 |
| 1985 | 23.71 | 43.9 | 0.54 |
| 1989 | 26.21 | 44.13 | 0.59 |
| 1990 | 26.41 | 43.04 | 0.61 |
| 1991 | 26.94 | 41.61 | 0.65 |
| 1992 | 27.46 | 42.11 | 0.65 |
| 1993 | 27.99 | 43.92 | 0.64 |
| 1994 | 28.51 | 47.43 | 0.60 |
| 1995 | 29.04 | 47.85 | 0.61 |
| 1996 | 30.48 | 48.8 | 0.62 |
| 1997 | 31.91 | 49.51 | 0.64 |
| 1998 | 33.35 | 49.99 | 0.67 |
| 1999 | 34.78 | 49.29 | 0.71 |
| 2000 | 36.22 | 49.42 | 0.73 |
| 2001 | 37.66 | 50.22 | 0.75 |
| 2002 | 39.09 | 51.1 | 0.76 |
| 2003 | 40.53 | 52.2 | 0.78 |
| 2004 | 41.76 | 52.9 | 0.79 |
| 2005 | 42.99 | 47.5 | 0.91 |
| 2006 | 43.9 | 48.9 | 0.90 |
| 2007 | 44.94 | 48.6 | 0.92 |

数据来源：中国各年度统计年鉴。

从非农就业水平来看，城市化水平滞后。世界城市化的经验显示：在完全市场经济条件下，城市化与非农化处于一种自然耦合、协调发展的状态，非农就业比重（$N$）与城市人口比重（$U$）基本保持一个固定的差距，$N/$

$U$ 值基本稳定在 1.2 左右。测算我国从 2000—2006 年的 $N/U$ 值，分别是 1.39、1.35、1.28、1.27、1.30、1.32、1.35。这表明我国城市化与非农化的进程并不"协调"，与非农就业水平相比，我国的城市化进程是滞后的。也就是说，尽管大量人口已转移出来从事非农产业了，却未真正转化为城市人口，反映在现实中的情形，便是大量的"农民工"依旧迁徙在城市与乡村之间。

(二)城市化进程中的区域性差异显著

由于各种历史及自然条件影响，各城市地理条件、人口分布、交通条件等城市化进程因素差别较大，导致我国城市化的区域性差距十分明显。

从城市化率来看，根据 2008 年中国国际城市化发展战略研究委员会发布的《中国城市化率现状调查报告》，上海、北京、天津在中国各省(直辖市)城市化率排行榜中居前三名(2006 年)，其中上海的城市化率达 85.76%。另外一些城市更是率先进入城市化发展的终极阶段。根据统计，2006 年中国地级以上城市(含直辖市)城市化率达到 90% 以上的有 8 个城市，其中深圳市、珠海市、佛山市 3 个城市的城市化率已达 100%。而 2008 年全国平均城市化率仅 45.7%，低于世界平均水平。就区域城市化整体而言，东部地区发展较快，已进入城市化发展中后期阶段；中部地区正处于初期向中期的过渡阶段；而西部地区仍处于城市化发展的初级阶段。

从城市化形态来看，我国东、中、西三大地带城市空间布局分布出现东南部密集、西北部稀疏的现象。东部地区基本形成城镇网络体系，中部地区中心城市有了很大发展，但是在区域经济中发挥中心作用的大城市和特大城市较少，西部地区较大城市仅限于省会城市，城市体系也不够完善。

(三)城市间的产业结构趋同化严重

长期以来，我国许多城市过度追求经济总量的发展，在产业结构上，没有充分研究自身依存的区域条件，没有科学进行产业选择，盲目、片面追求"门类齐全"，导致产业结构趋同化严重。其中，以钢铁、电解铝、电子、焦炭、铜、汽车等行业最为严重；其次，水泥、电力、煤炭、纺织行业等也存在潜在产能过剩问题。2009 年，国务院批转九部委《关于抑制部分行业产能过剩若干意见》（以下简称《意见》），公开指出钢铁、水泥、平板玻璃、煤化工、风电设备等六大行业产能过剩。以电解铝为例，2008 年电解铝产能达 6.6 亿吨，生产能力大于市场需求 1.6 亿吨，中国的钢铁生产能力比美国、日本和欧盟的综合能力还要强；水泥预见产能达到 27 亿吨，但市场需求仅为 16 亿吨。地方政府为了各自的政绩考核往往会盲目引进项目，而过度的产业结构趋同导致资源配置的效率不高。

### （四）城市化下的土地效率低下

中国的城市化加快推进，更多是一种土地的城市化。产业不断向城市地区集中，城区的土地不断扩张，但是人口没有相应的大规模向城市地区迁移，造成人口与产业集聚不协调。从 2000 年开始，我国的城镇化率以年均 3.78 个百分点的速度增长，在城镇化高速增长和发展的同时，城镇人口却没有同步增长。从 2001—2007 年，我国地级以上城市市辖区建成区面积平均增长 70%，但是市辖区中人口增长只有 30%。城市平均容积率只有 0.3 左右，城市人均建设用地 130 多平方米，远远高于发达国家的人均 82.4 平方米和发展中国家人均 83.3 平方米建设用地水平，而且各城市内部仍有大量闲置土地尚未开发利用。根据国土资源部对全国存量土地进行的调查，截至 2004 年底，全国城镇规划范围内共有闲置土地 720 平方公里，空闲土地 548.27 平方公里，批而未供土地 1353.3 平方公里，三类土地总量为 2637.4 平方公里，相当于现有城镇建设用地总量的 7.8%。

**表 1－4 1987—2007 年城市化水平与城市建成区增长之间的对比表**

| 年 度 | 全国城市建成区面积（平方公里） | 全国城市建成区面积增长率 | 全国非农人口数（万人） | 全国非农人口增长率 | 全国城市化率 |
|---|---|---|---|---|---|
| 1987 | 10775.0 | 6.9% | 27674 | 5.0% | 25.32% |
| 1988 | 11468.0 | 6.4% | 28661 | 3.6% | 25.81% |
| 1989 | 12162.0 | 6.1% | 29540 | 3.1% | 26.21% |
| 1990 | 12856.0 | 5.7% | 30191 | 2.2% | 26.41% |
| 1991 | 14138.0 | 10.0% | 30543 | 1.2% | 26.37% |
| 1992 | 15420.0 | 9.1% | 32372 | 6.0% | 27.63% |

续表

| 年　度 | 全国城市建成区面积(平方公里) | 全国城市建成区面积增长率 | 全国非农人口数(万人) | 全国非农人口增长率 | 全国城市化率 |
|---|---|---|---|---|---|
| 1993 | 16702.0 | 8.3% | 33351 | 3.0% | 28.14% |
| 1994 | 17984.0 | 7.7% | 34301 | 2.8% | 28.62% |
| 1995 | 19264.0 | 7.1% | 35174 | 2.5% | 29.04% |
| 1996 | 20214.2 | 4.9% | 35950 | 2.2% | 30.48% |
| 1997 | 20791.3 | 2.9% | 39449 | 9.7% | 31.91% |
| 1998 | 21379.6 | 2.8% | 41608 | 5.5% | 33.35% |
| 1999 | 21524.5 | 0.7% | 43748 | 5.1% | 34.78% |
| 2000 | 22439.3 | 4.2% | 45906 | 4.9% | 36.22% |
| 2001 | 24026.6 | 7.1% | 48064 | 4.7% | 37.66% |
| 2002 | 25973.0 | 8.1% | 50212 | 4.5% | 39.09% |
| 2003 | 28308.0 | 9.0% | 52376 | 4.3% | 40.53% |
| 2004 | 30406.2 | 7.4% | 54283 | 3.6% | 41.76% |
| 2005 | 32520.7 | 7.0% | 56212 | 3.6% | 42.99% |
| 2006 | 34300.0 | 5.5% | 57760 | 2.8% | 43.90% |
| 2007 | 35000.0 | 2.0% | 59379 | 2.8% | 44.90% |

资料来源：各年度《城市、县城和村镇建设统计公报》；各年度《国民经济和社会发展统计公报》。

近几年来，一些地方打着“加快城市化进程”的旗号，盲目拉大城市框架，滥占耕地、乱设开发区，不断扩大城市面积。与此同时，一方面，失地农民增多和一些地方后续社会保障跟不上，已成为影响社会稳定的隐患；另一方面，促进农民工在城市落户的制度仍未建立，导致“土地城镇化”速度快于“人口城镇化”速度。若按此模式继续推进城镇化，失地农民的数量还会大量增加，农村人口人均占有耕地资源的数量将进一步减少。农村人口的减少慢于农村耕地的减少，这不仅危及国家的粮食安全，而且势必会进一步加剧解决“三农”问题的难度。

（五）城市化中的制度性障碍有待逾越

由于我国总体上存在区域发展的不平衡性，伴随着城市化进程的推进，大量的中西部劳动力涌向了东部沿海地区，然而，区域性的制度却并未完全消除隔阂。中国从计划经济体制时代遗留下来的诸多政策，如户籍制度、事业编制身份等,成为人口流动和城市化的障碍。尽管近年来我国对户籍制度进行了几次较大调整,但仍没有实现真正意义上的公开透明化,尤其在北京、上海、深圳等特大城市,普遍存在着传统户籍制度下的城乡二元制的矛盾,如就业制度、社保制度、社会福利制度、住房制度等,城乡制度一体化的相应制度和措施还有待完善,大量阻碍城市化进程的体制有待改革。

### (六)城市化中的环境保护问题日益突出

城市化的加速发展推动了我国经济的腾飞,可是在经济、社会和文明发展的同时,一系列的生态环境问题也接踵而来。因此,在我国的现代化进程中,特别是在倡导可持续发展的今天,城市化进程中生态环境问题日益被人们提上日程。由于城市规模不断扩大,工业部门的经济实力逐渐壮大,第二产业仍然以资源密集型和加工型为主,导致了地表水源污染严重和空气质量的下降;城市规模的扩张而引起绿地面积的减少;城市人口的增加和工业规模的扩大使三废增加;新的城市生活方式的引进也驱使原有文化和习俗的衰退等。这些都是城市发展进程中比较突出的问题。

工业化推动了城市化,但如何实现城市化的可持续发展,如何通过城市化来反哺工业化,进而形成城市化与工业化的良性循环,如何解决城市化过程中的深层次矛盾,实现城市化由“数量化”向“质量化”转变,这些都是中国城市化所面临的严峻挑战。

## 四、改善投资环境有利于提高城市化的质量

投资环境是一个国家或地区凭借其物质和非物质条件吸引投资者进行经营性投入和运行的能力,投资环境的优劣决定着区域间资本、技术和人力资源等要素的流向,良好的城市投资环境必然迎合多数投资者的动机和目的,满足投资动机的需求,决定着区域吸引投资的能力。进入21世纪,经济全球化不断蔓延,区域经济一体化不断加强,生产和资本更加社会化、国际化、区域化,区域竞争更加激烈。优越的城市投资环境可以

吸引资金、技术、人力资源等要素向城市流入，会使城市通过产业的发展提高经济实力，从而不断加强基础设施建设，增强产业配套能力，改善社会生活条件，集聚满足产业发展的各类人才，进而创造出更有吸引力的投资创业和生活环境，使城市步入可持续发展的良性循环。因此，投资环境的改善是城市发展过程中经济发展、城市功能完善与社会和谐的系统工程，与城市化的发展方向具有高度的一致性，对于城市化质量的提升尤为重要。

### (一)改善投资环境吸引投资创造效益，为加快城市化进程奠定经济基础

城市化需要巨大的资金投入，无论城市基础设施建设还是医疗教育民生福利，均需要在发展经济的基础上，以财政资金为主带动社会资本的共同投入。投资是一种双向经济活动，在给投资主体带来投资回报的同时，也会使投资地区获得收益。来自国内外的投资首先能够促进当地产业的发展，提高财税收入，为城市化的基础设施投入等提供资金支持，为城市发展打下经济基础。投资还可为当地提供更多的就业岗位，使当地居民提高收入和改善生活。目前，国内各个城市特别是中西部地区的城市，为了加快经济发展都在大力招商引资，也在为吸引投资努力营造良好的投资环境，投资环境的改善也必然会加快城市化进程。

### (二)改善投资环境优化城市产业发展和布局，为城市化奠定产业基础

产业是经济的基础，也是城市发展的根基，产业形态决定了经济的层次，也决定了城市化的质量。改善投资环境，能够促进产业集聚，并充分发挥资源禀赋、技术、资金等本地优势，促使产业合理布局，为城市化进程奠定坚实的产业基础。所有的城市都希望能吸引到优秀的企业投资，通过吸收和借鉴先进企业的技术、管理经验和先进的管理文化等，促进本地企业的发展，同时也希望通过先进企业的引入，带动整个产业链的延伸和扩展。中国许多城市在招商引资的过程中都想尽办法引进跨国公司、最

好是世界500强企业的投资，而跨国公司在选择进入一个地区投资时对于投资环境往往具有比较高的要求，不仅要求货物、资金和人员流动的便利性，而且还对基础设施、产业配套、政府服务、法制政策、运营成本等均具有相关的要求。为了能够吸引跨国公司投资，城市的发展需要不断地创造条件、完善功能，以满足跨国公司对投资环境的新要求，因此通过投资者对城市投资环境的要求，在促进城市的已有产业发展的同时，也在无形中逐步提升了城市化的质量。

### （三）改善投资环境创造更多的就业机会吸引人才，为城市化提供人力资源

人力资本是经济增长的要素之一，也是城市化推进的源泉。在城市化推进的过程中，大量的人口需要从农村转移到城市，劳动力要从第一产业向第二、三产业转移，这就需要有足够的就业岗位来容纳这些人口。改善投资环境吸引投资，一方面引进了资金，另一方面也引进了相关的人才和提供了相应的就业岗位。跨国公司尤其是总部企业在投资选址的过程中，不仅对城市的开放程度、基础条件、商务设施、研发能力、专业服务、政府服务等方面有较高的要求，同时还对医疗/教育及文化等生活服务配套、天空/绿化等环境保护状况、城市文化氛围等因素较为关注，这主要是考虑到跨国公司及其总部企业中高层管理人员的需求。

我国的珠江三角洲地区由于率先实施对外开放，吸引了港澳台地区的外资进入，以发展劳动密集型加工制造业为主，创造了大量的就业机会，全国各地的劳动力也纷纷涌入，推动了珠三角地区工业化和城市化进程的快速发展。然而，随着我国的全面对外开放，珠三角地区对于资本和人才的吸引力逐渐弱化，加之近年来由于社会治安等方面的问题导致一些地区的投资环境呈现恶化的趋势。与此相关的劳动力也显现出结构性的短缺，经常会在春节过后出现“民工荒”。城市化进程中人力资源是不可或缺的因素，无论是高层次人才还是低层次的劳动力，优化投资环境既是为吸引投资创造宜业的环境，也是为吸引人才创造宜居的环境。

(四)改善投资环境优化城市功能,为城市化提供完备的公共设施和服务

投资环境是一个复杂的系统工程,但其中的交通运输、能源供应、通讯网络等基础设施和医疗卫生、教育科研等公共服务却是最基本和必需的条件,改善投资环境必然要从这些基础条件着手,根据经济社会的发展变化和投资者的需求不断加以提高和完善。城市的发展中所有的基础设施和公共服务都是从无到有、从简单到复杂、从低水平到高水平的逐步建设和提升的过程。搞好城市基础设施和提供社会公共服务属于重要的政府职能,既需要大量的持续的资金投入,也需要科学的系统的规划和管理,这是城市化进程中长期和艰巨的任务。城市的发展从改善投资环境的角度出发往往能够以较高的起点来进行规划建设和更新改造。

目前已成为国内园区建设典范的苏州工业园区,为了吸引国内外的优质资本进入,从园区建设伊始就高标准定位瞄准了世界先进水平,致力于争创国内一流、在国际上具有强劲竞争力的高科技工业园区,无论是在规划编制、土地开发、项目建设、招商引资、产业布局,还是在环境营造、体制创新、政府服务等方面,全都放到国际先进的参考系里进行比较和竞争,采用世界一流的城市设计和规划体系,强调"以人为本",科学合理布局工业与各项城市功能,先后制定和完善了300多项专业规划,大手笔投入超前建设城市基础设施,园区内的道路、桥梁按高等级标准建设,各种基础设施供应管线全部入地铺设,注重提升城市绿化设计水准、提高绿化种植水准以及绿化管理水准,突出景观层次艺术化、绿化色彩多样化,最终建成了国际化、园林化、现代化的新城区。

(五)改善投资环境引导城市健康规范发展,为城市化奠定制度基础

投资环境既包括硬环境,也包括软环境,硬环境是指自然环境、基础设施、公共设施、产业配套等,软环境则是指社会环境、法制环境,包括政府服务与效率、民众素质等。硬环境的改善相对容易,只要有足够的资金投入,道路可以四通八达,港口可以运送货物,医院、学校可以很快地建设

起来。然而，软环境的改善却不是一朝一夕的事，如金融服务环境的成熟度对于投资环境有着重要的影响，金融市场服务水平是投资者进行投资区域决策时关心的重要内容，从金融市场发展和金融市场对经济的作用效率来看，许多城市目前仍处在一个较低的水平上，而金融服务环境的改善不仅取决于地方政府，也与国家在金融领域的管制和政策相关，必将会是一个漫长的过程。优化投资软环境，就是通过制度建设来逐步完善经济管理和社会管理的方方面面，包括政策法规、政府服务效率、治安环境等，为投资创造更优的外部环境。对于整个国家的城市化进程而言，同样需要在体制改革中有所突破，为此已设立一批国家综合配套改革试验区，通过部分城市的先行先试探索体制改革的路径。因此，改善投资软环境能够为城市化的体制创新奠定良好的基础。

## 第二节 研究的思路和方法

研究城市的投资环境无论对于我国局部的城市发展还是整体的城市化进程都是一项具有意义的工作，然而这也是一项颇具挑战性的工作。投资环境的研究属于理论和实际相结合的应用性经济学研究，无论从理论上分析，还是在现实中观察，问题本身具有很大的复杂性，需要充分考虑国内外已经使用的多种理论和方法，并加以整理研究。同时，还要应用多种分析工具，选定研究对象进行实证分析，从而形成一套以研究城市投资环境为基础的研究体系。

纵观国内外对于投资环境的研究，最初都是从理论性研究、定性化研究开始的，但到一定阶段就开始进入到了定量化的研究，建立各种各样的评价指标体系，对国家或区域的投资环境进行评价比较，试图以投资环境的评价引导资本流向，使投资环境的研究逐渐进入应用领域，并开始对政府的决策行为产生一定的影响。然而，投资环境毕竟是一个复杂的系统工程，从结果来看是良好的投资环境吸引了更多的资本和要素流入，最终带来可观的经济和社会效益，但就其过程分析，究竟是哪些因素对投资环境发生了作用，影响的程度如何，从哪些领域着力能够真正改善和优化投资环境，却始终是一个众说纷纭、难以形成统一共识的问题。

对于国家的竞争力评价，国际上已经形成了瑞士洛桑管理学院和世界经济论坛两家评价指标体系，连续多年每年发布国际竞争力的国家排行榜。对于中国城市的竞争力评价，近年来中国社会科学院的研究小组也以年度报告的方式发布研究和排名结果，逐渐在国内有了一定的影响力和权威性。从现有的研究成果来看，我国对城市投资环境的研究仍处于探索性阶段，尚未有成熟和权威的评价体系。当然，对城市投资环境的全面评价的确具有相当的难度。

本书对于城市投资环境的研究正是为了今后能够建立一套城市投资环境的评价体系而进行的部分探索性的研究。首先，本书对于城市投资环境的评价采用了客观指标与主观指标的结合，客观指标采用了一套有3个一级要素和24个统计指标的相对简易的指标体系，主观指标则借助现有能够获得的投资者调查数据，形成7个一级要素和48个二级指标的体系。其次，本书选择的评价样本定位于目前国内经济发展势头强劲、资本关注度较高的几个区域中的热点城市，通过对我国长江三角洲（简称长三角）、珠江三角洲（简称珠三角）、环渤海经济区（简称环渤海）和中西部地区四大代表性经济区域中12个较具代表性的城市投资环境的研究，并以样本城市的评价代表了对区域投资环境的评价。此外，本书也采用了定量与定性相结合的方法，一方面，利用客观和主观的评价指标体系来对样本城市进行量化比较；另一方面，通过对这些代表性城市的产业发展和路径选择的定性分析，提出一些实施差异化发展改善投资环境的操作思路，较有针对性地提出进一步优化投资环境的对策措施，为城市的发展和城市化的质量提升点明了方向。

未来对于城市投资环境的研究可以在本书的研究基础上不断改进，其一是客观评价指标可以进一步丰富和完善，其二是主观评价指标可以扩展到更为广泛的投资者，其三是评价样本可以扩充到国内更多的区域和城市。在进行了这样一些改进的基础上，对于城市投资环境的评价将有望建立起较为全面和权威的指标体系，也有可能通过连续的数据更新对城市投资环境评价结果进行发布。

本书在研究城市投资环境的过程中，也尝试对投资环境的评价结果与城市吸收投资的效果进行一些相关性分析，由于目前国内对于投资的完整数据统计只有外经贸领域的外国直接投资（FDI），所以也只能局限性地采用FDI绩效指数与投资环境评价结果进行对比，未来在城市投资环境的研究中也可以考虑将对投资环境的评价更多地从吸收投资的效果指标方面进行考察，这也会使投资环境的研究进入到更为深入的领域。

## 第三节　研究框架和主要内容

本书主要研究在中国加快推进城市化的宏观背景下，如何利用国内外投资环境的理论基础和研究成果，探索建立城市投资环境的评价指标体系，并以国内长三角、珠三角、环渤海和中西部四大区域的12个代表性城市为样本，对城市投资环境进行评价分析和提出进一步改善的对策措施，全书共分8个部分：

第一章为本书的导论部分，主要提出了研究的背景和意义，阐述了本书是基于中国城市化背景下而展开的，通过回顾我国城市化的发展历程和成就，结合现阶段城市化的一些特征和未来发展的趋势，说明城市化步入了较为关键的发展阶段，而城市化对于中国经济社会发展的作用至关重要，尤其是在扩大内需、拉动国内投资需求、发展服务业和创造就业等方面。与此同时，中国的城市化还存在着不少的问题，数量的扩张与质量的提升并不同步，发展的不均衡和各种制度性障碍导致一系列深层次矛盾。投资环境是城市发展过程中较为关注的问题，投资环境的改善是一种系统性的优化，有利于城市聚集资源步入可持续发展的良性循环，从宏观层面上体现为城市化质量的总体提升。因此,研究投资环境的评价与改善对于中国的城市化进程具有积极的推动作用。导论部分还介绍了本书的研究思路和研究方法,总结归纳了本书各章节的主要内容。

第二章是城市投资环境的研究基础,主要从投资环境的相关理论、国内外研究现状和研究方法等方面进行一些综述。投资环境的理论主要包括国际贸易投资理论、经济区位理论以及艾萨德的区域科学和胡佛的区域经济学理论。国外投资环境的研究从定性研究开始逐步走向定量和模型化研究,国内投资环境的研究虽起步较晚,但也已经由理论、方法开始逐步走向对区域和产业投资环境的评价研究。

第三章是投资环境的系统演绎,从投资与投资环境的基本概念、投资环境的分类到投资环境的典型特征以及投资环境作为一个体统的构成、功能及演化进行了全面的梳理。城市投资环境有多种不同的界定,也有外部环境和内部环境之分,本书主要研究城市的内部环境。从典型特征上来看,城市投资环境具有整体性、动态性、特殊性和层次性。城市投资环境的内部环境主要包括政治环境、经济环境、法制环境、社会经济环境和自然地理环境。城市投资环境作为一个复杂的系统,其构成在不同的经济发展阶段会持续演化,环境建设主体之间存在相互作用、优化改善的过程。

第四章是城市投资环境的评价指标和样本,是对城市投资环境进行评价的基础。评价指标方面采用了客观和主观两套指标体系,客观指标是在总量、质量和流量 3 个一级指标下,选取一些能够反映城市发展特征的统计数据,形成对城市投资环境的客观评价体系。主观指标是借助现有能够反映投资者主观评价的问卷资料,从自然环境、基础环境、公共设施、社会环境、法制环境、经济环境、经营环境 7 个一级指标,共 47 个二级指标形成评价体系。在城市投资环境评价的样本选择方面首先选择了我国城市化程度较高的长三角、珠三角和环渤海三大城市集聚区,以及虽然起步较晚但未来城市化速度将会加快的中西部地区。在这四大经济区域内筛选了上海、杭州、苏州、广州、深圳、东莞、天津、大连、青岛、重庆、武汉、西安共12个较具代表性的城市，并概要介绍了这些区域和城市的基本情况，特别是各城市的产业发展和吸收外资的情况。

第五章是样本城市投资环境的评价，应用投资环境评价的指标体系，对样本城市的投资环境进行全面的评价比较。在城市投资环境的客观指标评价方面，既进行了总体指标的评价，也分别进行了总量指标、质量指标和流量指标的评价。在城市投资环境的主观指标评价方面，分别对样本城市的自然环境、基础环境、公共设施、社会环境、法制环境、经济环境、经营环境7个要素进行了评价，并以此为基础汇总了12个样本城市的综合评价结果。此外，以每个区域代表性城市的评价指标加总，也对四大经济区的投资环境进行了客观和主观的评价，从评价结果来看，客观指标和主观指标存在一定的差异。

第六章是典型城市投资环境的深度分析，主要是在投资环境量化指标评价的基础上进行一些更深层次的定性分析。一方面，结合典型城市的案例分析了投资环境评价排名领先城市的优势，并提出相应的改进思路；另一方面，分析了投资环境排名相对落后城市的主要劣势，提出了这些投资环境竞争力较弱城市的改进思路。城市投资环境评价的优劣势并非是一成不变的，在发展的过程中优劣势可能会发生改变，因此在城市投资环境的改善过程中，城市间还是要寻求特色化、差异化发展，而不是在同质化的竞争中抢夺资源。

第七章是针对城市投资环境改善的对策，对如何以可持续发展的理念来优化城市投资环境提出相关建议。根据投资环境客观和主观指标对样本城市的评价结论，结合典型城市投资环境优劣势的定性分析，重点从提高城市的综合经济实力，降低城市的营商成本，规范城市的政策法制环境、强化城市的创新能力以及转变政府职能等方面提出了具有针对性的一系列对策建议。

# 第二章 NO. 2 投资环境研究的基础

国际贸易投资理论和经济区位论分别从宏观和微观上奠定了投资环境研究的理论基础,艾萨德的区域科学和胡佛的区域经济学更深刻、更系统地拓展了投资环境的研究,在以上理论基础上,国内外学者开展了城市投资环境的探讨,涌现出一系列成果。本章尝试对以上理论和成果进行梳理,并指出下一章的研究方向。

## 第一节 投资环境研究的相关理论

### 一、国际贸易投资理论

宏观上,城市投资环境的理论基础最初可追溯到亚当·斯密的绝对优势理论、李嘉图的相对优势理论及俄林的要素禀赋理论。随着国际间的联系日益紧密,尤其是 19 世纪 20 年代后,国际贸易和投资的迅速推进,后来又出现了垄断优势理论、内部化理论、产品生命周期理论、边际产业扩张理论及国际生产折衷理论,这一系列研究成果可称为投资环境的国际贸易和投资视角的理论基础。

1. 比较优势理论

(1)绝对比较优势

亚当·斯密提出的绝对比较成本学说认为,各国可以用自己绝对优势生产出来的产品来换取自己不擅长生产的物品。

(2)相对比较优势

李嘉图继而进一步放宽了生产比较利益的限制,认为只要一国在某种生产上具有相对比较优势,专业化生产和分工就是可能的,其原因在于有的国家生产力水平高,在很多种生产上都有绝对优势,但其资源的稀缺性却不容许它进行所有的生产,必须把自己相对劣势的生产转移到生产水平较低处于绝对劣势的国家中进行。

(3)要素禀赋比较优势

俄林的要素禀赋论认为,商品间存在要素密集度的差异,有的产品需要投入更多的资本或更多的劳动和技术,有的产品则相反。按照产品对劳动、资本和技术的密集程度,可将产业区分为劳动密集型产业、资本密集型产业和技术密集型产业。由于地区间存在生产要素禀赋的差异,拥有不同的要素组合,这样,各地区都生产能较密集地利用其充裕生产要素的那些商品,以换取那些需要较密集地使用其稀缺生产要素的商品。投资在区际、国际间的流动,正是在比较利益的驱使和地域分工规律制约下进行的。投资环境理论就是研究这个复杂的过程是如何表现出来的。

2. 国际投资理论

二战后,世界各国对外直接投资(FDI)迅速增加,国际直接投资以跨国公司为核心经营目标,许多跨国公司也随之不断壮大发展起来。国际直接投资的迅速增加改变了传统的国际经济关系,逐渐形成了一种新的国际生产和国际交换体系,对各国经济发展产生了巨大的影响,同时国际直接投资也与国际贸易形成了相关性极强的替代或互补关系,以跨国公司为特征的国际直接投资推动着世界经济全球化进程迅速加快,推动着技术进步和产业转移。

与此同时，经济学界，尤其是西方学者对国际直接投资领域产生了极大的兴趣，国际直接投资理论也开始形成。经济学家们进行了大量的探讨和研究，取得了许多成果。国际直接投资理论于60年代初期由海默提出，其后经过维农、巴克利、小岛清等人的发展，到70年代后期终于由邓宁完成了国际直接投资的一般理论。

概括地讲，现代国际直接投资理论主要研究以下几个基本问题：

①企业为什么要进行直接投资，而不选择其他间接投资方式？

②企业怎样进行投资，即选择何种外国市场进入方式，随着企业内外经营环境的变化，经营方式又是怎样演变的？

③什么条件决定了企业跨国经营的区位选择？

④FDI流入对受资国经济发展有何种影响？

国际直接投资引力机制理论

东道国在加速工业化的过程中，经常面对三种缺口：资金缺口、外汇缺口和技术缺口。前两个缺口即为传统的“两缺口”理论，技术缺口则是较新的概念。资金缺口是指国内储蓄不足，无法转化为足够的资本，因而需要引进外资；外汇缺口是指进口所需的外汇不足，因而需要引进外商直接投资以促进出口从而得到外汇；技术缺口是指国内技术水平和国际上有差距，因而引进外资，期望带来新技术，以提高本国劳动生产率。常见的模型有：

①罗森斯坦公式

罗氏公式假定发展中国家的资本和劳动不能互相代替，该公式可以简化为：

$$Gw=(S+s'\cdot a)\cdot f-d$$

其中，$Gw$为有保证的增长率，$S$为国内储蓄率，$s'$为外资中用于投资的比率，$f$为资本产出比率的倒数，$d$为资本存量的折旧率，$a$为对外资的需求规模。

根据上式可知，一国对外资的需求规模，与国民收入的目标增长率和资本存量的折旧率成正比关系，与储蓄率及资本产出率成反比关系。

②瑟尔沃尔模型

瑟尔沃尔模型的目的是比较储蓄缺口和外汇缺口在影响外资需求中的作用。其结论是：如果储蓄缺口较大，则储蓄缺口决定利用外资的合理规模，外汇缺口影响较小；反之，如果外汇缺口较大，则外汇缺口决定利用外资的合理规模，储蓄缺口影响较小。

③梅泽尔模型

梅泽尔模型的结论是：当一国某段时间的出口增长率大于国民收入的增长速度时，其外汇缺口必将趋于缩小。此时，储蓄缺口会变成最主要的缺口，即成为限制发展的瓶颈，并对外资需求起决定性作用。

（2）垄断优势理论

美国学者斯蒂芬·海默（Stephen Hymer）于1960年开创性地将传统产业组织理论的垄断理论应用于分析跨国公司对外直接投资，提出了特定优势理论。该理论认为，一个企业之所以能向国外投资，其动力在于它具有"垄断优势"，包括知识资产优势和企业规模优势两方面。虽然海默的理论没有直接讨论区位问题，但仍可从该理论中得出跨国公司投资的区位选择导向。

后来，约翰逊（Johnson）和凯夫斯（Caves）进一步发展了其中的投资区位理论。约翰逊认为知识资本是垄断优势的核心，知识资本的转移过程就是跨国公司走向海外的过程。因此，国际直接投资将从拥有知识资本企业所在国家流向没有同种知识资本企业的国家。凯夫斯认为跨国公司的垄断优势是它们可以开发、生产和销售差异化产品。一般来说，国际直接投资来自具有产品差异化行业所在的国家，流向经济发展达到一定水平、消费者能够识别和消费差异化产品的国家；拥有研究和开发能力的企业所在的国家往往是国际直接投资的输出国，而不具有研究和开发能力的企业所在的国家则是接受国。垄断优势理论可用于解释发达国家投资流向发展中国家的现象，也可以用于分析区域大规模吸收外国直接投资的现象。

(3)内部化理论

内部化理论又称市场内部化理论,是由英国学者巴克莱(Peter Bukley)和卡森(Mark Casson),以及加拿大学者鲁格曼(Alian M. Rugman)共同提出来的。与垄断优势理论相比,该理论从更为一般的意义上说明了FDI 的经济合理性。

内部化理论的核心是建立在市场的不完全性和公司的性质之上的。该理论认为:由于外部市场存在缺陷和交易成本不断上升,企业完全依赖外部市场交易获利少,而通过跨国公司的 FDI 行为在企业内部进行交易,可以克服上述风险和损失,即依据资产专用性原则,使投资双方有动力保持最低成本的管理以维持稳定的双方关系。但该理论中的市场不完全性是以科斯的信息经济学理论为基础从交易成本角度来进行阐释的,即指市场失灵和中间产品市场的不完全。

内部化理论指出有 4 个因素影响企业内部化(在某种程度上指 FDI 的发生)。这 4 个因素分别是指产业因素、地区因素、国家因素和公司因素。其中,地区因素主要是指地理位置及区域环境的不同导致交易成本的变化;国家因素主要包括东道国政治法律制度和财政金融制度等对FDI 行为的影响。内部优势理论从区位环境和国家金融制度角度考虑了金融对 FDI 产生的影响。内部化理论较好地解释了跨国公司在对外直接投资、出口贸易和许可证安排这 3 种参与国际经济方式选择的依据。跨国公司通过对外直接投资市场内部化,保持其在世界范围内的垄断优势,从而实现公司利润的最大化,因此在这 3 种方式中占主导地位。出口贸易由于受到进口国贸易保护主义的限制,许可证安排由于局限于技术进入产品周期的最后阶段,因而均属于次要地位。但是内部化理论也具有一定局限性。跨国公司实行内部化主要是对高技术含量的知识产品实行内部化,这就势必会阻碍了新技术、新产品在全世界范围的迅速普及,从而在一定程度上阻碍了生产力的发展。内部化理论未能科学地解释跨国公司对外直接投资的区域分布。

(4)产品生命周期理论

美国哈佛大学学者弗农(R. G. Vernon)于1966年5月在《经济学季刊》上发表的《生命周期中的国际投资和国际贸易》一文中首次提出了产品生命周期理论。弗农的产品生命周期理论认为:各产业部门如同生物一样,要经历从创新到发展、成熟、最终衰老4个阶段,各个地区主导产业部门处于不同生命周期阶段上,由此形成了不同的经济技术梯度。而不同梯度地区区域社会经济面貌的不同,导致投资环境的巨大差异。一般来说,一个地区只对某几类产业环境最优,差别仅在于高梯度地区适宜的产业种类较丰富、较先进。因此,投资环境存在一个梯度问题,不同梯度的投资环境有不同的性质特征。但是,区域发展梯度也并非是固定不变的。通过极化效应和扩散效应,经济技术梯度和投资环境梯度会产生巨大变化。极化效应是指一个地区一旦经济"起飞",具备了自我发展能力,就会不断自我累积有利因素,获得规模效益和聚集效益,以正反馈的形式不断壮大。扩散效应是指一个地区极化到一定程度,就有相当部分的发展要素通过与周边地区的经济技术联系扩散出去,从而带动低梯度地区的发展。

(5)边际产业扩张理论

边际产业扩张理论是日本学者小岛清在20世纪70年代提出来的理论。该理论的基本观点是:日本对外直接投资应该集中在日本国内失去比较优势,但在东道国拥有比较优势的产业,即"边际产业"。

小岛清认为,与国际货币资本流动相比,FDI具有两个方面的特点:第一,FDI是以两国存在不同的生产函数为前提,东道国因吸收FDI而被投资国的生产函数所替代,并得到提高。第二,在东道国不同的产业部门中,由于新生产函数与原生产函数之间的差距,其普及也将有所不同。基于此,FDI是以投资国的资本丰富为前提,东道国的商品越是劳动密集型的,就越具有比较优势;投资国与东道国的技术差距越小,FDI所导致的技术转移就越容易移植、普及和固定下来。

根据 FDI 动机不同，小岛清将对外直接投资划分为 4 种类型：自然资源导向型、市场导向型、生产要素导向型和生产与销售国际化导向型。比较优势理论从国际分工出发来解释跨国公司对外直接投资的决定因素，将比较利益原则视为跨国公司从事对外直接投资的决定因素。该理论对于发展中国家之间的水平投资及发展中国家对发达国家的逆向投资缺乏解释能力。

（6）国际生产折衷理论

英国经济学家邓宁（John H. Dunning）在融合海默、巴克莱和卡森等前人的理论基础上，又引入了区位优势理论，于 1970 年创造了著名的国际生产折衷理论。该理论将已有的各种 FDI 理论相互补充，融合并纳入一个统一的分析框架，增加了其理论解释力和适用范围，成为当今最具影响力的 FDI 理论。国际生产折衷理论的核心是由 3 个核心优势理论（OIL）组成，即源自垄断优势论的所有权优势（ownership）、源自内部化理论的内部化优势（internalization）；源自较系统的区位经济学理论的区位优势（location）。随后，他在 1981 年的两部作品《国际生产和跨国公司》及《对一些国家国际直接投资状况的解释：一种动态的或发展的方法》当中，对其理论又做出改进和发展，并将其动态化。国际生产折衷理论认为：这 3 类优势不能单独解释跨国公司的 FDI 行为，只有在同时具备这 3 类优势时，才可能从事对外直接投资，并且他重新界定了所有权优势、内部化优势和区位优势的内涵及其在决定企业从事对外直接投资或国际生产中的作用。

①所有权优势，是指一国企业拥有或能够获得的、国外企业所没有或无法获得的资产及其所有权。其“资产”一词含义较广，泛指“任何能够不断带来未来收益的东西”。邓宁认为，所有权优势是跨国公司从事对外投资的基础。

②内部化优势，是指跨国公司通过 FDI 将其资产或所有权加以内部

使用而带来的优势。跨国公司是否以 FDI 的方式参与国际竞争,不仅取决于其拥有的各种所有权优势,也取决于其将所有权优势加以内部化的意愿和能力。内部化的动机在于避免外部市场的不完全对其产生的不利影响,实现资源的最优配置,继续保持和充分利用其所有权优势的垄断地位。

③区位优势,是指东道国固有的、不可移动的要素禀赋优势,如优良的地理位置、丰富的自然资源、潜在的市场容量等等。区位是一定地域与跨国公司生产经营密切相关的各种要素的总和,这些要素有的直接进入生产过程,有的成为投资者生产经营必需的外部条件。东道国区位优势与投资环境优势在研究跨国公司国际直接投资时,具有基本相同的涵义。两者的区别在于:第一,区位的外延比投资环境的外延要宽泛,它并不是仅仅针对投资活动,而是针对所有经济活动;投资环境则是指区位中对投资活动有较大影响的区位因素,所以,投资环境包含于区位之中;第二,区位更多地用于资源配置和国际贸易的理论研究和实际工作中,而投资环境概念则更多地用于投资理论研究和投资实务中。

国际生产折衷理论不仅可以解释一国企业的对外直接投资,还可以解释一国企业对参与国际经济方式的选择,亦即可以将对外直接投资、对外贸易和对外技术转让三者有机地结合起来。

国际生产折衷理论不仅将企业的所有权优势细化到企业所拥有的多渠道低利率融通资本方面的金融优势,而且首次将区位变量纳入分析范式,从客观环境角度阐释 FDI 的外在动因。邓宁将区位优势分解为自然禀赋优势和其他人为创造的区位资源优势,后者就是我们现在所说的投资软环境,该理论突破了以往 FDI 理论从投资母国及其跨国公司角度出发的传统局限性,从东道国投资环境对 FDI 区位选择影响的角度开拓了新的研究视角。其中,关于人造区位优势中提到的一国金融制度和金融状况是区位优势的一个重要组成部分的论述奠定了软环境与 FDI 之间相互作用的研究基础。

## 二、经济区位理论

微观上，城市投资环境研究源于杜能的农业区位论、韦伯的工业区位论、克里斯特勒的中心地理论及廖什的市场区位论，随后又出现普赖德的行为区位论，这一系列成果可称为经济区位论，是投资环境研究的微观理论基础。

经济区位理论①是指“关于人类经济活动所占用的场所的理论，主要探讨人类经济活动一般空间法则。”主要代表性的经济区位理论有杜能的农业区位论、韦伯的工业区位论、克里斯特勒的中心地理论及其廖什的市场区位论。

杜能生活的德国的农业没有像工业生产那样产生技术性革命，追求合理的新农法成为当时德国的现实需要。在这样的背景下，杜能从1810年起在德国梅克伦堡购置了特洛农场，潜心研究，利用古典经济学中的价值法则、地租等方面的理论作为研究基础，采用孤立演绎的研究方法，并提出了6个重要假定条件：第一，肥沃的平原中央只有一个城市；第二，不存在可用于航运的河流与运河，马车是唯一的交通工具；第三，土质条件一样，任何地点都可以耕作；第四，距离城市50英里处是荒野，与其他地区隔绝；第五，人工产品的供应仅仅来源于中央城市，而城市的食物供给则仅仅来源于周围的平原；第六，矿山和食盐坑都在城市附近。在这些假定下，杜能主要探讨了农业将呈现什么样的状态及距离对农业产生怎么样的影响，并给出了一般地租收入公式：$R = PQ - CQ - KTQ = (P - C - KT)Q$，公式中，$R$、$P$、$C$、$Q$、$K$及$T$分别代表地租收入、农产品的市场价格、农产品的生产费、农产品的生产量、距离城市或市场的距离及农产品的运费率。根据这个公式，农业生产的品种选择与经营方式的首要决定因素是距离，据此，杜能划分了农业种植的6个圈层：自由式农业圈、林业圈、

---

① 下述相关理论主要基于施祖麟《区域经济发展：理论与实际》第一章《经济区位理论》进行总结，社会科学文献出版社，2006年版，第1－20页。

轮作业农业圈、谷草式农业圈、三圃式农业圈及畜牧业圈。

韦伯生活的时代是资本主义发展到帝国主义阶段，垄断资本的形成和发展，使生产规模进一步扩大，竞争加剧，工业区位的合理选择具有重要意义。在这样的背景下，德国经济学家韦伯探讨了工业生产活动的区位原理，其也做出了理论假定：第一，分析的地域单元具有同一的气候、地形、民族、技术，并在同一政治力量控制之下；第二，在那里有遍在性原料和偏在性原料的分布；第三，劳动力充足，工资固定不变，但各区位的工资水平有差异；第四，消费地点是已定的，工业制成品只能在一定的市场出售，消费量是已经知道的；第五，运费是重量和距离的函数。在这些假定下，沿用杜能所用的孤立演绎研究方法，韦伯首先考察了运输费用对一个市场和一种原料的情形下，工业区位可能的 3 种形式：第一，若原料是遍在性原料，那么工业区位在市场；第二，若原料是偏在性原料和非失重原料，工业区位是市场和原料地连线上任何一点；第三，若原料是偏在性和失重原料，工业区位在原料地。随后，他探讨了一个市场和两种原料及多种原料的情形，还研究了劳动力费用及集聚作用对运输费用修正的情形。

德国地理学家克里斯特勒生活的时代是城市逐渐占据主导地位的时期，在那个时代城市逐渐成为工商业和交通的集中点。在这样的背景下，克里斯特勒希望借鉴杜能和韦伯的研究方法探索决定城市的数量、规模以及分布的规律是否存在，如果存在，那又是怎么样的规律。克里斯特勒也做出了前提假定：第一，所研究的区域是一广阔的平原，其土地肥力及资源分布是均质的；第二，人口也均匀分布于区域之内，他们的收入、兴趣等方面是相同的；第三，在区域内向任何方向移动都是可能，具有相同的便捷性；第四，生产者和消费者都是依赖经济原则行事，其经济行为都是合理的，以追求利润最大和费用最小为目标。在这些前提下，经过大量的实地调查，发现任何一个商品供应点，为使其经营获得纯收益，必须有一个合理的服务范围，对于一个孤立的中心地的市场区而言，圆形是合理的市场区图形，但是在多个中心地同时并存的情况下，正六边形是最有效和最合理的市场图形。他还分析了市场原则模式、交通原则模式及行政原则模式3种空间模型。

德国经济学家廖什借鉴了杜能、韦伯及克里斯特勒的研究方法，同时也做了一系列的前提假定：第一，所研究的对象位于平原地区，区域内的资源和自然条件均质分布，且有均等分布的充足的原料；第二，区域内的农业人口也均匀分布，最初他们的生产是自给自足，且具有共同的消费行为；第三，所有的工业生产方法都是公开的，技术知识可以到处传播；第四，区域内各个方向上具有相同的运输条件；第五，区域内所有的人都可以获得进行生产的机会。其考虑到工业布局受到竞争者、消费者和供应商的影响，从前辈的局部均衡分析转向了一般均衡分析，他反对韦伯的最小成本区位的方法，也反对最大收益区位的方法，他认为最佳区位是收入和费用之差的最大点即利润最大点，同时还认为区位空间达到均衡时，最佳的空间模型是正六边形。

以上经济区位论是正统经济学的"经济人"的假定，而行为地理学家对此提出质疑，其代表人物波特就认为做决策的是"满意人"，而不是"经济人"，普赖德以决策的"满意人"为假定，认为区位决策取决于决策者的信息占有量和利用信息的能力，也就是说获得信息越充分，利用信息的能力越强，做出的决策越趋优①。

综合以上理论，可以看出他们概括出了产业（农、工、商布局的一般规律及区位选择的科学方法，即不同的产业因其具有不同的生产、消费和销售特点，而在布局上选择不同的策略。总的来说，运费、工资、聚集、市场区是产业布局所要考虑的基本因素，也就是最优区位的区位因子。从投资环境的角度来看，这些因子也就是各投资地的投资环境构成因素，而其理论所内含的各地经济发展环境、生产要素的差异性恰恰是投资环境研究的出发点。可见，区位论是投资环境理论的重要微观理论源泉。

① 依据魏后凯《现代区域经济学》第91－93页中"普赖德的行为区位论"的论述进行总结。

## 三、艾萨德区域科学和胡佛区域经济学理论

两位美国知名学者艾萨德和胡佛均采取新古典经济学的分析方法和区位论的孤立演绎相结合的研究方法来分析区域问题，前者更多的采用经济区位论的研究方法，开创了区域科学，后者更多的采用新古典经济学分析方法，开创了区域经济学，这些研究成果让我们更系统、更深刻的认识投资环境，可以说奠定了投资环境研究的综合理论基础。

1. 艾萨德的区域科学理论

艾萨德将新古典经济学和德国的区位理论相结合，试图把空间问题纳入经济理论的核心，尽管没有成功，但是其将前人的研究整合为一个统一的框架，促进了区域科学的诞生，做出了开创性的贡献。

艾萨德认为区域或区域系统是包括着"无数的形形色色的政治的、经济的、社会的和文化的行为单位在内的活生生的有机体，他们的相互依存行为受心理的、风俗习惯的及其他因素的制约"，其采取"分析式研究"和"经验式研究"相结合的方法研究区域或区域系统问题。具体来说，就是探讨"空间格局和空间增量值如何强烈地影响企业、消费者和各类机构的行为"，提出解决社会问题的政策模式，基于此，艾萨德认为，区域科学家应该"非常了解政治体系是如何运转的，及其如何影响立法和行政以利于实现地区发展目标；了解不同区域的社会集团如何确定目标、目的和价值"。可见，艾萨德开创的区域科学是一个涉及方方面面的社会科学学科。

在艾萨德的力作《区域科学导论》中，其首先分析了如何描述城市和区域的特征，并具体探讨了发达地区和不发达地区的差异的原因及政策思路；其次，他利用新古典经济学中供求曲线分析了价格和工资如何确定，以便了解区域间存在不同的价格和工资的原因，解释工业在一些区域发展的原因，为了进一步对此问题进行探讨，其借鉴了韦伯的方法和思想阐释了各类企业的成本如何确定。具体来说，就是分析了遍在原料效应：

遍在原料倾向于把区位拉向市场;失重效应:失重性加工过程增强了该失重原料产地的区位拉力;运费增长低于距离增加所起的作用:运费率的增长比例低于距离的增加,所以会增大市场或原料产地的区位拉力;装卸费用效应:装卸费通常会增大原料地和市场地的吸引力,并降低中间地的拉力,还利用等值线论述了廉价劳动力区位、廉价电力区位及其他区位因素对运输费用的修正①。此外,艾萨德还对集聚经济和反集聚经济进行了阐述,划分了集聚经济的3种类型:规模经济是指随一个给定设施的经营规模的扩大,其内部的生产可能变得更为经济;区位经济是指一个区位的一门工业的全部企业都能获得的经济增长,这是由于该区位的该工业部门的总产出增长而产生的;城市化经济是指由于把各类经济活动配置在一起,从而使一个区位的总体规模(就人口、工业产量、收入和财富而言)扩大而产生的经济②。反集聚经济力量主要包括城市规模扩大造成的交通拥挤,使得人们在交通上花费的时间日益增多,并造成了越来越多的心情郁闷、紧张和普遍的不满情绪,社区内部人的性格异化、犯罪率和社会不安的增加,空气、水、固定垃圾、噪声和视觉污染等等,纯经济的方面包括房租的上涨和生活费用的增加。他也分析了人口迁移的长期和短期趋势,资金的转移,思想流动及其无形的、非经济商品的流动③。

2. 胡佛的区域经济学理论

和艾萨德相比,胡佛更多的是用经济学的理论来分析空间问题,其开创的理论被称为区域经济学,在代表作《区域经济学导论》中,胡佛开宗明义地提出空间经济问题的三大基石:自然资源优势、集中经济和运输成本(也被称为生产要素的不完全流动性、生产要素的不完全可分性和产

---

① 艾萨德:《区域科学导论》第六章《比较成本和工业区位》,高等教育出版社,1990年版,98－122页。

② 艾萨德:《区域科学导论》第七章《城市或区域的基础、经济结构及发展》,高等教育出版社,1990年版,135－139页。

③ 艾萨德:《区域科学导论》第七章《城市或区域的基础、经济结构及发展》,高等教育出版社,1990年版,139－140页。

品及服务的不完全流动性)，并从理论上论述了这三大基石对各种产业的区位结构所起的重要作用。胡佛认为决定区位相对优劣取决于地区性投入、地区性需求、输入的投入及外部需求[①]4类区位因素，并利用以上4类区位性因素和运输成本描述了个别单位的区位决策，然后探讨产业的区位决策。具体来说，作者分析了分散力和集聚力支配下的区位结构，形成分散的区位结构的一个原因是竞争稀缺的地区性投入，另一个原因是该产业系产出定位的，而其市场又分散；集聚力支配下区位结构的基础是某种产业各竞争区位单位间的相互吸引，主要原因在于各区单位的产品非标准化，它们不能完全互相取代，还由于它们不同方面如此多而易变，买主不作实地考察就无法对它们做出满意的比较[②]。对个体单位和产业的区位决策的论述之后，胡佛研究了城市和区域的区位决策。比如，城市如何形成、城市空间结构特征是什么及如何演变，区域内产业的纵向联系、横向联系和互补联系，其中纵向联系和互补联系相互吸引，而横向联系更多的是相互排斥。胡佛还花费了大量的篇幅探讨区域的目标、政策及区域如何发展。

## 第二节　国外投资环境研究的现状

国外关于投资环境的研究可分为3个阶段：

第一阶段为1968—1980年，这一阶段主要以定性研究为主，通常以国家为研究对象。在这一阶段少数发达资本主义国家开始对发展中国家的投资环境进行研究，主观性较强，主要运用冷热分析理论和等级尺度理论。

① 地区性投入是指该区位上不易转移的投入的供应情况；地区性需求是指该区位上对不易转移的产出的需求情况；输入的投入是指从外部来源输入该区位的可转移投入的供应情况，它在一定程度上反映那些来源于该区位间的运输成本；外部需求可从向外部市场销售可转移产出中得到的净收入情况，它在一定程度上反映该区位与那些市场间的运输成本。

② 胡佛：《区域经济学导论》第四章《区位结构》，商务印书馆，1990年版，70－100页。

## 冷热法

美国学者伊西阿·利特法克和彼德·班廷于1968年提出利用冷热法对投资环境进行研究。其基本方法是从投资者和投资国的立场出发，向美国、加拿大、南非等国的大批工商界人士搜集资料，选定七大投资环境评价指标，据此对目标国家逐一进行评价并将之由“热”至“冷”依次排列，热国表示投资环境优良，冷国则投资环境欠佳，其指标的选择全部为主观指标，这些指标为：

①政治稳定性：考察政府各阶层代表、政府的民心度、政府的创造性和政治稳定性。

②市场机会：考察顾客对产品尚未满足的要求、顾客购买力。

③经济增长及成就：考察当地所处的经济发展阶段、增长率、效率及稳定性等。

④文化一体化：考察国内各阶层人民的相互关系以及风俗习惯、价值观、宗教信仰等方面的差异程度。

⑤法律阻碍：考察国法律的完善、繁简程度给企业经营带来的困难，以及对今后工商环境造成的影响。

⑥实质阻碍：考察国的地形等对有效经营所产生的阻碍。

⑦地理及文化差距：考察两国距离远时，文化、社会观念及语言上存有差异等，都会对相互沟通和联系产生不利影响。

1968年美国学者伊西阿·利特法克和彼德·班廷在其联合发表的《国际商业安排的概念构架》一文中首次提出了冷热国法分析比较法。二人在该文中建立了投资环境评估的指标体系，将有利于吸引外资的因素称为“热”因素，反之为“冷”因素。该文从投资者的角度向美国、加拿大、南非等国的大批工商界人士搜集资料，确定出评价投资环境冷热的七大因素，包括政治稳定性、市场机会、经济增长及成就、文化一体化、法律阻碍、实质阻碍、地理及文化差距。该文提出可用以上因素对投资目标国进行逐一评价，并按由热到冷进行排序，热国表示投资环境优良，冷国表示投资环境欠佳。

美国学者罗伯特·斯托伯夫（Robort. B. Stobaugh）在其1969年发表的《如何分析外国投资气候》一文中首次提出了等级尺度法。等级尺度法主要关注东道国对外资的政策，将投资环境要素按优劣分为不同等级并逐一评分，汇总得出投资环境总评分，得分越高说明环境越好。罗伯特选址了针对外商投资政策的多个要素作为评价维度，包括政治稳定性、资本抽回的自由程度、外商股权比例、对外商的管制程度、货币稳定性、给予关税保护的态度、当地资金的可供能力和近5年的通货膨胀率。对每一要素分4~7种情况（共48种情况），按照东道国的实际情况给每个要素评分，并且按照各个要素的重要性赋予权重，最后算出综合的投资环境得分。等级尺度法的提出，开始了投资环境从定性评估向定量化研究的转折。

**等级尺度法**

1969年美国学者罗伯特·斯托伯夫提出了使用等级尺度法评价投资环境。这种方法是将确定的投资环境因素由优到劣区分为多种不同情况，然后再根据各因素的重要程度逐一打分，最终汇总得出投资环境的总评分。它选取了8个领域的指标来评价投资环境。

①政治稳定性；

②资本抽回的自由程度；

③外商股权比例；

④对外商的管理制度；

⑤货币稳定性；

⑥给予关税保护的态度；

⑦当地资金的可供能力；

⑧近5年的通货膨胀率。

每个领域又分为4～7种不同情况，一共列出了48种情况：

在评价政治稳定性时，确定为6种可能：长期稳定、稳定但因人而治、内部分裂但政府掌权、国内外有强大的反对力量、有政府动荡的可能、不稳定、极可能动荡和政变。

在资本抽回自由评价领域分为6种情况，分别为：无限制、只有时间限制、对资本有限制、对资本和红利都有限制、限制繁多、禁止资本抽回。

外商股权比例的评价分为7种：准许并欢迎全部外资股权、准许但不欢迎全部外资股权、准许外资占大部分股权、外资最多不超过股权半数、只准外资占小部分股权、外资不得超过股权的三成、不准外资控制任何股权。

对外商的管制程度评价分为7种：外国企业与本国企业一视同仁、略有限制但无管制、对外商只有少数限制、对外商有限制并有管制、对外商有限制并严加管制、对外商严行限制并严加管制、禁止外资投资。

评价货币稳定性分为5种情况：完全自由兑换、黑市与官价差距小于10%、黑市与官价差距在10%～40%、黑市与官价差距在40%～100%、黑市与官价差距在1倍以上。

对关税保护程度的评价分为4种情况：给予充分保护、给予相当保护但以新工业为主、给予少量保护但以新工业为主、很少给予或不予保护。

当地资金的可供能力评价分为7种：成熟的资本市场有公开证券交易所、少量当地资本有投机性证券交易所、当地资本有限、外来资本有限、短期资本极其有限、资本管制很严、资本高度外流。

近5年的通货膨胀率的评价分为：小于1%、1%～3%、3%～7%、7%～10%、10%～15%、15%～35%、35%以上7种情况。

第二阶段为20世纪80年代，在这一阶段东道国地区为吸引更多投资也开始了大范围的投资环境研究，以争夺国际资本的流入。在这种大环境下，各种投资环境评估咨询机构纷纷成立，研究方法也由定性研究走向了定量研究。在这一时期，许多研究机构开发出了自身的定量研究方法,如日内瓦国际经济研究机构选取了240项指标对西方27个国家的投资环境进行评价并排序;世界银行的大卫·威勒(David wheeler)对美国跨国公司在不同收入水平的42个国家和地区的投资状况进行研究。

同时,随着各种机构对投资环境研究的深入,在研究方法上也逐步走向科学化,1985年施文蒂曼(T. S. Swinteman)在研究和总结美国道氏化学公司在海外投资的经验和历程后,在其发表的《多国公司与东道国投资环境》一文中提出道氏评价法。

### 道氏评价法

道氏评价法,是美国道氏化学公司根据自己在海外投资的经历提出的。道氏公司认为,在海外投资的风险可分为两类:一是"正常企业风险",或称为"竞争风险"。例如,自己的竞争对手可能生产出一种更好的产品,或者竞争对手的生产技术更先进,生产成本更低,产品价格也就越低廉等等。任何一种基本稳定的企业环境中都存在这一类风险。二是"环境风险",即某些可以使企业环境本身发生变化的经济、政治和社会事件。这类企业环境因素的变化往往要改变企业所遵循的经营规划和方式,并可能给投资者带来有利的或不利的后果。

因此,道氏评价法把影响投资环境的指标按其形成的原因和作用范围分为两部分:(1)企业从事生产经营的业务条件;(2)有可能引起这些条件变化的主要压力。每部分又分别列出多项影响因素。"业务条件"部分包括的因素有实际经济增长率、能否获得当地资本、价格控制、劳动力的技术水平等。"主要压力"部分包括的因素有国际收支结构及趋势、被外界冲击时易受损害的程度、领导层的稳定性、与邻国的关系等近5年的通货膨胀率的评价分为:小于1%、1%～3%、3%～7%、7%～10%、10%～15%、15%～35%、35%以上7种情况。

道氏评价法把影响投资环境的因素按形成原因和作用范围分成两大类,并依据两大类因素推演出4种方案,即最可能、乐观、悲观和遭难,然后请专家来对各种情况发生的概率进行评估。

第三阶段为20世纪90年代至今，这一阶段研究设计的范围比较广，涉及投资与投资环境关系、投资环境与产业发展相互关系、投资效益与区域投资模型等。这一时期，各个研究机构开始把投资环境逐步细化，进行多项量化评估研究，使得投资环境研究日益科学化。

## 第三节　国内投资环境研究的现状

我国对投资环境的研究起步较晚，大部分研究起步于20世纪90年代，在这之前主要以理论和方法的引进为主。目前，国内关于投资环境的研究主要分为4个方面：一是投资环境理论的总结和理论的奠基；二是投资环境理论和方法；三是区域和城市投资环境的研究；四是投资环境评价指标和产业投资环境的研究。

### 一、投资环境理论的总结和理论的奠基

20世纪90年代以来，随着中国改革开放的逐渐深入，中国各地都为大力吸引外资而奔走，许多地方出版了投资指南等相关书籍，同时关于投资环境理论和投资评价方法的著作也开始出现。其中，具代表性的有王慧炯编著的《中国投资环境》，在该著作中，王慧炯对投资环境概念和中国投资环境进行了初步的探索。多因素评价法指标选择如表2－1所示。

**表2－1　多因素评价法指标选择**

| 影响因素 | 子因素 |
|---|---|
| 一、政治环境 | 政治稳定性；国有化可能性；当地政府的外资政策 |
| 二、经济环境 | 经济增长；物价水平 |
| 三、财务环境 | 资本与利润外调；对外汇价；集资与借款的可能性 |
| 四、市场环境 | 市场规模；分销网点；营销的辅助机构；地理位置 |
| 五、基础设施 | 国际通讯设备；交通与运输；外部经济 |
| 六、技术条件 | 科技水平；适合工资的劳动生产力；专业人才的供应 |
| 七、辅助工业 | 辅助工业的发展水平；辅助工业的配套情况等 |
| 八、法律制度与法制 | 商法、劳工法、专利法等各项法律是否健全；法律是否得到很好执行 |

续表

| 影响因素 | 子因素 |
| --- | --- |
| 九、行政机构效率 | 机构的设置;办事程度;工作人员的素质等 |
| 十、文化环境 | 当地社会是否接纳外资公司及对其的信任与合作程度;外资公司是否适应当地社会风俗等 |
| 十一、竞争环境 | 当地的竞争对手的强弱;同类产品进口额在当地市场所占份额 |

资料来源:王慧炯等《中国投资环境》、国务院发展中心、京港学术交流中心,1987 年 8 月版,第 3 - 21 页。

郭信昌和张敦富,二人几乎在同一时期分别主编了论述各自对投资环境理论的归纳与总结的《投资环境分析·评价·优化》和《中国投资环境》两本著作。郭信昌从投资及投资环境的概念、投资环境的作用机制及其发展趋势、投资环境的基本因素及其对投资环境的影响与作用、投资环境的评价原则、指标、方法等方面阐述了投资环境理论。张敦富在其书中系统论述了投资环境的概念及中国区域投资环境的状况,并在其后来主编的另一本《投资环境评价与投资决策》中对此作了进一步的完善与拓展。1994 年,戴园晨提出投资环境评价指标体系的构建原则,为投资环境的评价指标体系建设指明了方向。刘洪明从中国地区投资环境出发,构造了国内地区投资环境指标体系。吴玉鸣从中国区域环境出发,构建了中国区域投资环境评估指标系统。王元京、叶剑峰系统地对国内关于投资环境的评价模式进行总结和对比研究,将其分为 3 大类:国别模式、地区模式、城市模式,并对投资环境指标体系进行了综合。楚天骄、杜德斌构建了 R&D 投资环境评价指标体系。王绍飞从经济开发区自身发展特点出发,构建了符合经济开发区特点的评价指标体系。陈泽明引入了经济区域 N 维空间结构理论,构建了投资环境在三维空间的指标体系。

## 二、投资环境理论和方法

香港中文大学闵建蜀教授在等级尺度法的基础上提出投资环境的多因素评估法与关键因素评估法。郭文卿在综合评价我国沿海开放城市的基础上运用模糊综合评价原理提出了参数分析法。国务院研究中心王慧炯等人提出了“相似尺度评价法”。程连生运用熵原理探讨了我国城市投资环境的熵状态特点和熟化类型，并对中国投资环境和完善城市投资环境进行了分析。吴国蔚1998年提出了模糊分析法，同年马淑琴针对内陆区域投资环境提出了要素等级加权平均法。邓宏兵在其《投资环境评价原理与方法》中系统地梳理了投资环境评价相关的20余种方法，并首次把投资环境效益系统作为投资环境评价的要素纳入到投资环境评价体系中。王新采用1992年和1996年的城市数据与多元线性回归分析法对FDI的区位决定进行了研究，对FDI吸引和影响较大的多种因素，包括：市场规模、资金配套能力、市场化程度、经济发展水平、优惠政策和开放水平等。黄朝永(1999)对当时投资评价模型的优势与不足进行了分析，并由此提出了全面系统评价投资环境的思想，包括线装静态综合评价针对投资主体的对象性评价和预测评价，由此建立了机遇投资环境空间衰变原理的多因素空间衰变测度模型。高丽会、胡燕京(2002)运用因子分析法对西部地区投资环境进行了研究，并提出了相关的政策建议。郭盛芳(2002)以数据仓库方法为桥梁介绍了城市投资环境评价系统实施步骤、设计方法、系统结构和功能，并对进一步建立数据仓库、构建辅助投资决策系统的工作提出了设想。赵玉珍(2003)构建了投资环境多层次评价指标体系，其通过层次分析法和模糊数学原理进行了指标权重确定和专家打分处理的方法，提出了一种基于模糊综合评价模型的定量化研究方法。文余源(2002)用系统的指导思想，以地理学GIS技术和应用建模为手段，以定性、定量和定位分析相结合的方法把空间与非空间性因素用于对湖北省县域农业投资环境的评价和分区。陈晓玲(2003)根据用户满意度的影响因素，构建了评价用户满意度的因果关系模型，以投资者满意度指数来评价区域投资环境，该方法具有从投资者角度分析的优势。

### 三、区域和城市投资环境的研究

鲁明泓(1997,2000)根据外国对我国的投资区域分布情况对我国不同地区的投资环境进行对比和评价分析研究,并深入地研究了国际直接投资的区位因素。刘塔、侯晓红(1994)对我国沿海地区的投资环境进行了综合的评价分析和研究。蔡玉龙(1991)对我国经济特区的投资环境进行了深入地综合评价分析与研究,并给出了相关的发展建议。李成喜、刘向东(1993)对山西的投资软环境进行了分析研究,综合分析了山西的政治、经济、文化、管理水平、劳动者素质5个方面。刘厚俊、鲁明泓采用定量的因子载荷和特殊方差的估计法研究和分析了江苏的投资环境。毛汉英和郭文卿(1994)对外向型经济的粤东沿海地区和大福州地区的投资环境从能源保证度、综合交通运输与布局、水资源开发与区域供水、土地利用、城镇体系建设等方面进行了定量分析。

## 四、投资环境评价指标和产业投资环境的研究

关于投资环境评价指标,学者们进行了许多探索和建设研究,目前还没有形成统一的模式。上世纪90年代初,张敦富、郭信昌、徐大图、冯德显、毛汉英等就从基础设施、经济因素、社会文化、政策法规、政治因素等方面探索性地进行投资环境立体指标的建立。上世纪90年代末,刘洪明从社会环境、经济环境、基础设施、自然条件等方面以39个指标构建了中国地区的投资环境竞争力评价指标体系。吴玉明构建了包含经济、市场、科技、资源、文教、基础设施、社会服务等七大方面38个指标的中国区域投资环境评价指标体系。

关于产业投资环境,产业投资环境的研究是投资环境研究的具体化和专业化。投资环境研究属于一般性基础性研究,而产业投资环境研究则更具针对性。沈玉芳、马淑燕等从产业环境出发对长江沿岸城市进行总体的投资环境和产业环境评价研究。白永平运用因子分析法,对京九铁路沿线工业投资环境进行评价和诊断,并提出调控方略。

# 第三章 NO.3 城市投资环境系统演绎

城市投资环境属于投资环境中观层次上的范畴，是一个包括许多要素的复杂系统，本章将在对相关概念界定的基础上，探讨城市投资环境的典型特征、基本构成、功能及演化过程。

## 第一节 基本的概念界定

### 一、资本和投资

发展经济学中的资本主要包括物质资本、人力资本和金融资本，在不特别说明的情况下，资本就是指物质资本，这里的物质资本是指“在社会生产过程中能够长期存在(通常为1年以上)并发挥作用的种种生产物资，如机器、设备、厂房、建筑物以及各种原料、加工过程中的货物、制成品库存的存货等等”。人力资本主要是指劳动者的能力及数量。金融资本主要是指不能直接用于实物生产的流动资本。

资本是投资的对象，通常使用的投资主要是指对物质资本和金融资本的投资，知名经济学家舒尔茨研究了人力资本对经济发展的重要性，提出人力资本投资的概念，拓展了投资范围，而宏观经济学中的投资范围较窄，仅仅是指对物质资本的投资，也即是“增加物质资本存量的支出流量”。

投资可以从不同的视角来分类,依照对物质资本投资的类型,投资可以分为企业固定资产投资、住宅投资和存货投资;依照作用的性质,投资可以分为总投资和净投资①;依照投资主体,投资可以划分为政府投资、企业投资和个人投资;依照投资时间的长短,投资可以分为长期投资和短期投资②;依照投资的方式,投资可以分为直接投资和间接投资③。本文研究的投资主要是指企业或个人对物质资本的投资。

## 二、投资环境和城市投资环境

二战后,全球之间的联系日益紧密,跨国公司在国际范围内的活动也日趋活跃,尤其是为了占领发展中国家市场而对其进行的直接投资,这些活动引发了对发展中国家投资环境的研究。伴随着发达国家向发展中国家的产业转移,美国学者伊西阿·特利法克和彼德·班廷于 1968 年最早提出“投资环境”的概念,随后对投资环境的研究进入了一个较为深入的阶段,不同的学者或研究团体均从不同的角度对投资环境进行了定义,其代表性的投资环境定义如表 3 -1 所示。

**表 3 -1　代表性的投资环境定义**

| 学　者 | 定　义 |
| --- | --- |
| 尼古拉斯·斯特恩 | 是指当前的以及预期的政策、制度和行为环境,它影响可预期的投资回报和风险 |
| 任淮秀 | 是指决定和影响投资的各种政治因素、自然因素、经济因素和社会因素相互依赖、相互完善、相互制约所形成的矛盾统一体 |
| 何曼青 | 是指一个地区或经济体在一定时期内拥有的对投资活动有影响的各种因素和条件的综合系统 |

① 周天勇《新发展经济学》,中国人民大学出版社,pp79:总投资是指一定时间内所进行的全部投资,它减去同期折旧就为净投资。

② 时间期限 1 年以上的投资为长期投资。

③ 直接投资是指一个投资主体,包括企业、政府和居民,采用各种形式对工矿、商业、金融报务业等企业进行全部或部分投资,并拥有被投资企业的全部或部分管理控制的投资方式。间接投资与直接投资的区别在于间接投资只能获得债券、股票等投资证券所得到的股息红利等,而对被投资者无控制权。

**续表**

| 学　者 | 定　义 |
| --- | --- |
| 投资百词解 | 是指进行投资活动所涉及到的各种条件,其中既有自然方面的,又有社会方面的;既有物质方面的,又有政策方面的;既有技术方面的,又有管理方面的 |
| 经济大辞典财政卷 | 投资对象所处的自然、技术、政治、经济和社会各种因素的总和 |
| 投资大辞典 | 制约投资行为的客观条件 |
| 李昌清 | 是指围绕着投资主体并足以影响或制约投资动机、投资决策、投资行为、投资效益的一切外部条件的总和,它包括与一定投资活动有关的政治、经济、自然和社会诸方面因素 |
| 张敦富 | 是指围绕投资主体存在和变化发展的并足以影响或制约投资活动及其结果的一切外部条件的总称。它包括与一定的投资项目相关的政治、经济、自然及社会等诸方面的因素,是这些因素相互交织、相互作用、相互制约而成的有机整体。投资环境可以理解为区域系统,特别是经济系统与投资或资本运动之间的中介 |
| 邓宏兵 | 在特定时间内,特定区域或行业所拥有的影响和决定投资运行系统健康成长并取得最优(预期)效益的各种主观与客观因素的有机复合体 |
| 世界银行 | 2004 年报告认为,投资环境是指一个地区特有的决定企业进行生产性投资、创造就业以及扩大规模的各种机会和鼓励措施等一系列因素。投资环境是各种因素作用的结果,是一个综合的、动态的、具体的概念。2005 年报告认为,投资环境是某国刺激公司以进行生产性投资、创造就业机会、积极参与全球竞争的方式加强和扩大活动范围的特定条件、机会和因素的总和 |

注:作者根据相关资料进行整理。

综合以上投资环境的定义,笔者认为城市投资环境属于投资环境的中观层次的范畴,是指在一定时间内,特定城市所拥有的影响企业或个人进行直接投资决策的各种因素的总和,主要包括城市投资的外部环境和内部环境。具体来说,城市外部投资环境主要是指城市所在国家或地区的经济社会政治制度、政局稳定性、政策连续性、法制运作、民众素质及信仰、国家经济实力及潜力等等;城市内部投资环境主要是指城市所在地的政府部门效率、法律治安状况、市场容量、基础设施、劳动力数量及质量、产业配套、自然禀赋及生态条件等要素的综合。本文主要是研究城市的内部环境,下文在不特殊说明的情况下,城市投资环境均是指城市的内部投资环境。

### 三、投资环境的分类

和投资一样,依照不同的视角,投资环境也可划分为不同的类别。城市投资环境均是指城市的内部投资环境。

依照研究层次,投资环境可分为微观投资环境、中观投资环境及宏观投资环境。根据张敦富教授总结:微观投资环境是指在经济社会个量水平上影响具体投资运动的条件因素的总称,宏观投资环境是指影响整个社会资本运动的宏观社会经济变量和历史文化现实,而中观投资环境是介于以上两者之间的一个层次,其与以上两个层次也存在重复和交叉。

依照研究的对象不同,投资环境可以分为区域投资环境和产业投资环境。前者是以区域为研究对象,后者是以产业为研究对象,其实两者也很难分开,产业的发展是区域发展的核心,区域是产业发展的重要载体,城市投资环境属于区域投资环境研究的范畴。

依照研究要素的特征不同,投资环境可以分为硬环境和软环境。根据张敦富教授总结:硬环境是指与投资活动直接相关的物质条件,是有形要素的总和,主要包括基础设施、生活服务设施及区位环境,软环境包括社会、政治、法律、文化、观念、习惯及政府机构行政效率等无形要素的总和。

依照投资环境的研究范围,投资环境可以分为狭义的投资环境和广义的投资环境。根据邓宏兵教授总结:前者主要包括自然环境和经济环境,后者包括自然环境、经济环境、政治环境和社会环境。

依照研究时间的长短来划分,投资环境可以划分为短期投资环境和长期投资环境,一般认为研究时间 1 年以上为长期。

依照投资者对环境的控制能力来划分,投资环境可以分为完全无法控制类环境、局部可控制类环境和完全可控制类环境。

## 第二节　城市投资环境的典型特征

和任何系统一样,城市投资环境也有其基于固有属性的典型特征:整体性、动态性、特殊性和层次性，具体论述如下。

## 一、整体性

城市是一个由各个不同要素构成，由主体和客体相互作用所形成的有机整体，城市投资环境是城市经济社会现实的反映，其也是一个由各个要素组成的有机整体。根据王国炎教授总结：投资环境是“一个复杂系统，它由若干个子系统组成，各个子系统又按照一定的结构、规模、时间、空间形式，以其各自的功能，相互作用、相互制约，构成一个完整的投资环境系统”。城市投资环境的整体性不仅仅体现在构成要素即包括主观要素，也包括客观要素，还体现在各个不同的要素对投资的作用是作为一个整体综合起作用的，而不是要素个体单独起作用，当然不同的要素的作用强度也各不相同。

## 二、动态性

随着时间的演变，城市是在不断发生变化的，作为反映城市内核的投资环境也是在不断变化的，这种变化是自然、经济、社会、文化及政治因素或者说是主观因素和客观因素综合作用的结果，既然是变化，城市投资环境就既有可能趋向于优化，也有可能趋向于劣化。动态性不仅仅体现在城市投资环境系统及各个子系统是不断发生变化的，还体现在各个子系统或要素对投资作用的强度也是不断发生变化的，甚至曾经是制约经济发展或抑制投资的因素，伴随着经济的发展，以上因素可能会成为促进经济发展或吸引投资的因素。

自然资源禀赋曾是许多地区发展的重要依托，许多资源型城市就是如此，二战后德国的鲁尔地区便是依靠丰富矿产资源迅速崛起，但是现在自然资源已经成为低级要素了，技术、人才和现代的管理方式已成为吸引投资的高级要素了；另外，区位条件吸引投资的功能也是随着交通设施尤其是信息设施的迅猛发展而逐渐减弱；还有环保曾经给一些地区的发展带来制约，但是在当前食品安全日益引起人们重视的情况下，环保也给很多地区的发展带来了一系列的机遇。

### 三、特殊性

不同城市的地理位置、资源禀赋、社会文化、人力资源水平、经济基础、产业特点及法律法规均有很大的差别，这也就决定了不同的城市投资环境有其各自的特殊性或独特性。这种特殊性不仅体现在不同发展阶段上的梯度差异，也体现在不同分工层次上的水平差异。

沿海地区城市因其较高发展阶段和科技人力资源优势而发展高端产业，比如，北京和上海均以其拥有丰富的科技资源而成为高技术产业的重要基地，也因为其优越的地理位置，而成为总部经济基地；一些地区因其丰富的资源而发展资源和资本密集型产业，比如，山东菏泽因其丰富煤炭资源而成为山东的重要地煤化工基地；许多中西部城市因其丰富的劳动力而发展劳动密集型产业，比如，纺织业正日趋向我国的中西部地区转移，劳动密集型产业的典型企业富士康也迁到河南和重庆。

### 四、层次性

城市投资环境是一个由各个不同子系统或要素组成的有机系统，具有不同的层次性。城市投资环境总系统包括政治、经济、自然、社会文化子系统，各个子系统下面又包括不同的要素。政治子系统包括政治社会制度、政局稳定性、政策连续性、政府办事效率、廉洁度等等主要要素；经济子系统包括经济体制、经济制度、社会发展水平及潜力、市场容量、配套产业、税收政策、配套设施等主要要素；自然子系统包括地理位置、气候条件、地质地貌条件、水文条件、植被条件、自然灾害发生频率和资源禀赋等要素；社会文化子系统包括劳动者的语言、教育层次、信仰、消费习惯、工作态度、价值观和法律状况等要素。

城市投资环境的层次性还体现在行政层级上，具体来说，城市包括一系列的区或县，区或县又包括一系列的乡或镇，这样城市投资环境下面就有区或县投资环境，区或县投资环境下面又有乡或镇投资环境。

## 第三节　系统构成、功能及演化

下文将描述城市投资环境的构成元素及主要功能，并探讨其演化过程。

### 一、外部环境

城市投资外部环境其实就是指城市所在国家或地区的投资环境，其也是一个综合系统，主要包括政治环境、经济环境、法律环境。这里的政治环境是指国家或地区的政治体制、社会结构、政局稳定性、政策连续性、社会安定性、国际信誉度等；经济环境是指国家或地区经济体制及运行、市场容量、产业配套、产业结构、居民消费水平、经济发展政策、资源和原料供应情况、金融信贷制度、财政税收制度、通胀紧缩情况、国际收支情况等；法律环境是指国家或地区制定实施的各项与国内外投资相关的法律、法规、条例以及有关政策和措施的总和。

1. 政治环境

良好的政治环境能够确保投资安全，经济得以持续发展，相反，一个政权更迭频繁、社会持续动荡的国家或地区很难保证国内外投资安全，同时较好的政策连续性和国际信誉度能够给投资者创造良好的预期，保证投资的顺利进行。中国长期以来的政治稳定、坚持改革开放的政策及负责任的国际形象是中国改革开放以来吸收外资较多的一个重要原因。而反观那些动荡不安的国家吸收很少甚至驱逐很多投资，比如，利比亚的政治动乱驱逐了包括中国在内的大量的外国投资，给其国家带来了重大的损失。

2. 经济环境

投资往往在经济体制相似或差别不大的国家或地区进行，曾几何时

“经济合作与发展组织”和“经济互助委员会”的国家之间没有投资往来，这里当然有资本主义国家和社会主义国家阵营对抗的因素存在，但是前者实现市场经济体制和后者实行计划经济体制的差异也是一种重要原因。另外，中国改革开放以来逐渐迈上市场经济的轨道，国际投资也日趋积聚中国；国家或地区经济走势、本地市场容量和原料供应也都是投资的重要考量因素，中国经济长期持续的稳定和较大的市场规模是国际跨国集团纷纷落户中国的重要原因，中海油、中石油也是由于看中非洲及中东国家丰富的石油资源而冒着政局不稳定的巨大风险到那些国家或地区进行投资的。

3. 法制环境

良好的法制环境是市场经济体制得以运行的重要条件，国家或地区的法律规定了投资的范围、期限、外资持股比例及相关优惠政策，也明确了投资的管理体制、机构设置和审批程序，以上这些对投资和经营活动的顺利进行很重要。自从改革开放以来，我国外商投资法律法规的制订进程经过 3 个阶段：即在 1979—1992 年间是我国初步制订外商投资相关法律的阶段；在 1992—2000 年间是我国调整外资政策的阶段；2000 年以后是我国为适应加入 WTO 和履行承诺而进行的法律政策调整的阶段。经过以上 3 个阶段对外资政策法规的逐步调整，我国逐渐拥有了一个良好的投资法律环境，这带动了大量海外资本向中国尤其是沿海地区聚集。

## 二、内部环境

城市内部投资环境主要包括城市所在地的政治环境、经济环境、法律环境、社会文化环境和自然地理环境等子系统的综合。这里的政治环境主要是指当地政府部门的办事效率、官员的廉洁度及当地政府尤其是主要官员对投资的重视程度；经济环境主要是指城市的市场容量、熟练劳动力的数量和质量、配套产业、税收政策、土地政策、金融生态及基础设施等；法律环境主要是指城市所在地的执法及社会治安状况；社会文化环境主要是指城市所在地的语言文字、宗教信仰、风俗习惯、文化传统、社会保障、教育水平、人际网络、工作态度和道德准则等要素的综合；自然环境主要是指地理位置、气候条件、地质地貌条件、水文条件、植被条件、自然灾害发生频率和资源禀赋等要素的综合。

1. 政治环境

长期以来，中国是政府主导型的社会形态，政府掌控着庞大的资源，城市政府部门的办事效率、官员廉洁度及其对投资的重视程度对于吸收海内外资本起着无可替代的作用。自从上海市政府最初实行“一站式”办公以来，其迅速在全国各地普及，现在又出现了“花园式”办公，中关村现在可以集中办理原来需要国家相关部委办理的事情，电子政务也日趋流行，比如，GoCom 软件的统一消息管理门户将“人找事”的工作模式改变为“事找人”的业务模式，以上均是各地政府为了吸引投资而提升办事效率采取的有力举措。当地政府官员廉洁问政，办事公道，有利于给企业创造优质的竞争环境，反之，官商勾结的区域会增加许多企业的运行成本，最终成为投资的排斥力。某一市长为了吸引中国台湾富商郭台铭到当地投资，其向郭总承诺：24 小时给其开机，为其服务，最终感动了郭台铭先生，并获得了大量的投资。

2. 经济环境

马歇尔以英国的宫廷玉液的市场需求为例说明了市场对产业发展的重要性，克鲁格曼利用精巧的数学建模向我们展示了“本地市场效应”，许多产业尤其是那些“遍在性原料”占有较大比重产业都趋向于布局在市场地，比如，白酒、啤酒及饮料产业；韦伯在《工业区位论》中把产业关联效应作为集聚力，胡佛在《区域经济学导论》中描述了产业“纵向”联系、“横向”联系和“互补”联系，强调了互补产品的供应商互相吸引；以马歇尔的理论为思想渊源，许多学者都从不同的角度通过建模阐述“劳动力池”效应，在中国社科院课题组赴江西调研中，凤凰光学高层说明了他们集团不能选择在江西省南昌而继续布局在江西上饶的重要原因正是基于该地区有大量的熟练劳动力。

土地和税收是政府掌控的两大重要资源，税收政策和土地政策也是城市政府调控产业发展的重要手段，我国沿海地区在改革开放初期，在缺少资金的情况下，正是以土地置换的办法吸引港资，税收返还也是当今许多地方政府吸引投资的策略，新疆喀什地区为了吸引投资更是采取“零地价”和免费提供标准厂房的办法，这些措施弥补了发展初期或欠发达地区其他方面投资环境的不足。

金融就是充当资金需求方和资金供给方的中介，其对经济发展的作用主要体现在便利筹资和投资、促进资本集中、加速资本转移、促进资金转换等方面。可以说，金融生态水平是投资者进行投资区域决策时关心的重要内容。当前，包括沿海发达地区城市在内的我国相当多的城市的金融生态相对较低，致使我国许多有实力的企业或高素质的人才到美国融资，而美国的这些资本的来源不少却是来自中国，美国就是凭借先进的金融运作手段利用中国人的钱赚中国人的钱。我国的欠发达地区更是面临着金融发展滞后的问题，许多企业尤其是中小企业普遍面临着融资难，同时大量的资本处在闲置状态，在重庆进行的一次课题调研中，一位企业领导干部深有感触地说，“西部最大的问题是金融发展滞后”。

发达的交通运输系统是实现投资过程中人、财、物顺利、高效流动的基本前提，是联系生产、分配、交换和消费等社会再生产环节的纽带。发达的交通运输业对促进生产、商品流通和对外贸易都具有重大意义和作用。一个城市具备稳定充足的能源供应和水源供应是任何工业生产活动得以正常进行的基本保障，也是投资者对被投资区域进行比较分析时需要重点考察的因素。

邮电通讯设施一直是投资环境中的关键因素，在目前计算机网络迅速发展的情况下，通讯设施的评估又被赋予了新的内容——全面的信息基础设施代替了只重视传统邮政电讯设施的理念。信息基础设施业是以从事信息采集和传送等位移动活动换取经济报酬的社会生产部门。它是社会的“神经系统”和先行部门，对经济的发展起到“倍增器”的作用。随着因特网、电话、移动电话和卫星信息传送技术的发展，“信息经济”的流通正取代传统经济的流通，推动着世界经济的重大变化和工业社会向信息社会发展。

饮食娱乐服务设施对于一个城市的重要性不仅体现在其可以作为人们休息放松吃饭的场所，还在于较好的饮食娱乐服务设施给人们提供了一个较好的交流场所，据此，很多地方建立起了非正式的交流渠道，促进了知识的外溢，使先进的理念得以产生或传播。美国硅谷中的许多好的创意就是在酒吧里产生的。

3. 法制环境

良好的法制环境能给企业提供一个公平竞争的场所，从根本上杜绝官商勾结及腐败现象，从而能减少企业的运行成本，促进投资，较好的社会治安状况能保证安全投资，更有可能确保投资实现预期收益。众所周知，我国新直辖市重庆市实行了大规模的清贪扫黑打黄的行动，其动作之大概莫能比，很多人担心如此规模巨大的行动会影响重庆的经济发展，可事实不仅没有阻碍其经济发展，相反许多高端产业纷纷落户重庆，不仅带动城市的发展，而且给其奠定了良好的长期发展基础。

4. 社会文化环境

马克思·韦伯在《新教伦理与资本主义精神》中得出的主要结论是新教徒的生活伦理思想影响了资本主义的发展；马歇尔认为许多地方的经济发展都能找到它的文化渊源；以巴格那斯科（Bagnasco）、贝卡提尼（Bacattini）、屈吉利尔（Trigilia）、皮埃尔（Piore）、赛博（Sabel）、派克（Pyke F W.）和森根博格（Sengenberger）为代表的新经济社会学者通过案例研究发现企业嵌入社区和社会—文化的联系中，社会关系、规则、传统等非正式制度因素影响着作为经济主体的人的决策活动，进而影响到他们的经济行为；新产业空间学派后来开始从结构方法转向新产业空间发展的治理、文化和制度等方面，认识到市场本身并不能成功地协调交易关系，特定制度组态、社会习俗取代了先前使用的交易成本成为主要的决定因素,特定地域边界内的社会习俗和惯例有助于协调创新行为所要求的社会经济网络关系,并决定了区域响应全球挑战的独特方式;创新环境学派认为环境对当地经济的发展起决定性作用。

中华文化尤其儒家文化对华商乃至中国的经济增长产生了很大的影响,华裔投资在中国外商投资中占有很大的比重,福建省的侨胞最多,侨胞对福建省的经济发展做出了重要贡献。纵观发达国家或发达地区,人们工作态度相对比较严谨,也比较守时。德国工程师在这方面的表现尤其令人佩服,而很多拉美人以不守时闻名于世,据说,预计早上 9 点开会,最后到中午吃饭时间才能开始,这种懒散的作风也许是导致其相对落后的原因。深圳 30 年从一个小渔村变成当今的大都市是和深圳各条战线上的人们日夜奋斗分不开的。

经济学家熊彼特较早提出创新理论,这里的创新就是重新对生产要素进行组合,这种来自"企业家"的创新活动是推动经济发展的根本原因;索罗、罗默及卢卡斯均强调技术对经济增长的作用,前者认为技术是外部力量作用的产物,后两者认为技术是内部力量作用的产物;舒尔茨揭示了人口质量对经济发展的重要性;著名管理大师波特把技术和人力资本看作经济增长的高级要素。创新学派强调当地的集体学习对经济增长的重要性;技术和人力资本对经济增长的重要性已经获得社会各界的认可,较多的大学和科研院所能够提升城市的投资环境。美国硅谷、中国台湾新竹、日本筑波、中国中关村等高技术产业集聚地都是在很大程度上得益于附近的大学。

随着社会的进步,人们对自己的健康越来越看重,当地的医疗水平、环保条件也日益成为投资的重要考量因素,尤其是在当前环境污染食品安全难以得到有效保障的情况下,曾经制约当地经济发展的环境保护正在给一些地方带来新的竞争优势,比如,河南南阳南水北调中线工程水源地淅川可以大打环保品牌和优质水资源品牌给当地创造效益,同时良好的社会保障体系不仅有利于提升人力资本水平，还有利于促进消费，繁荣本地市场，进而拉动投资。

5. 自然地理环境

马歇尔在《经济学原理》中提出气候和地理位置对经济增长最为重要，特别描述了气候是如何通过影响人们的行为进而影响经济发展的，同时也提到优质的矿产资源对产业集中在一个特定地方的重要性。根据经济史学家研究，中国经济重心由北向南转移的过程是伴随着气候的变化的。来看一个极端情况，世界的南极、北极和赤道都是人烟稀少的地方，可见地理和气候对投资及经济增长的重要性。

世界上大的城市群均是频临沿海，中国的三大城市群长三角、珠三角和京津冀都是沿海地带，它们构成了中国的三大经济重心。二战后德国的鲁尔地区和解放后我国大庆地区均是依靠丰富矿产资源获得快速发展，尽管随着技术的进步，原料资源的重要性有所降低，但其仍然是很重要的要素，但是拥有原料地的地域要避免滥用原料，要充分利用现代的科学技术提升原料的使用效率。另外，丰富的水资源也是发展工业尤其是煤炭化工产业的重要条件，自然灾害频发的地区不可能成为投资和经济增长的重要场所。

## 三、演化机制

经济发展就是以科学技术进步和制度变革为动力朝着工业化、人口城市化、经济货币化和生产社会化不断推进的过程，这个过程可以划分为不同的阶段。罗斯托将其划分为传统社会阶段、准备起飞阶段、起飞阶段、走向成熟阶段、大众消费阶段和超越大众消费阶段。钱纳里将其划分为前工业化阶段、工业化初期、工业化中期、工业化后期和后工业化阶段。

本文假定城市的发展也经历以上的发展历程，尽管有些城市甚至有些小国家可以越迁某个阶段或以其他方式实现经济社会的发展，这里我们研究的城市是“抽象”的城市，随着城市的不断演变，城市的投资环境也在不断演变。在不同阶段，随着主导产业或人们关注点的变化，城市投资环境各个要素及不同要素的重要性均在不断的发生变化，这种变化既有投资环境的主客体的相互作用，又有主体的各要素公务机构、科研机构、咨询机构、金融机构、实体企业（各组织的划分依据王东升在《新产业集群研究》里的论述）的相互作用，还有客体各要素的相互作用。

在准备起飞或工业化初期阶段，农业仍占很大比重，投资的主要工业部门是饮食、烟草、建筑材料等部门，这些产业均是技术含量较低的劳动密集型产业。在这个阶段的主要特征是缺少发展资本和健全的体制机制，在这个摆脱落后的阶段，政府应重点建设金融体系解决资金短缺问题，政府可以出资委托企业进行投融资平台的搭建，并进行必要的基础设施建设。

在起飞或工业化中期阶段，农业占的比重有所降低，投资的主要工业部门是纺织业，依然是劳动密集型行业，但技术含量有所提升，这个阶段伴随着大规模的农村劳动力转移向城市，国外投资也明显增加，一些产品也逐步出口，劳动力转移向城市一方面需要对这些劳动力进行培训，另一方面要对城市的生产设施和生活设施的建设加大力度。

在走向成熟或工业化后期阶段，农业所占的比重进一步下降，投资的工业部门由劳动密集型产业转向资金和技术密集型行业，比如，钢铁、煤炭、电力、通用机械及汽车等工业，服务业的比重逐渐增大，技术在产业发展中的地位进一步提升，政府建立区域创新软环境是这个阶段的重要任务。

在大众消费或后工业化社会阶段，制造业的比重开始下降，服务业尤其是高端服务业的比重日趋上升，人们对奢侈品、教育、保健和休闲的需求不断变大，生产者和消费者都大量使用高科技成果，创新和时尚成为城市追求的主流，为满足以上需求，一方面应加强城市创新体系的建设，另一方面更要提升教育、咨询服务水平，加强休闲娱乐设施、环保设施的建设。

上文从抽象的城市角度，论述了在每一个发展阶段城市投资环境的不同要素的侧重点，其和我们现实中的城市投资环境有一定的距离。下面具体探讨我们现实城市中的主体公务机构、科研机构、咨询机构、金融机构、实体企业如何相互作用影响城市投资环境。

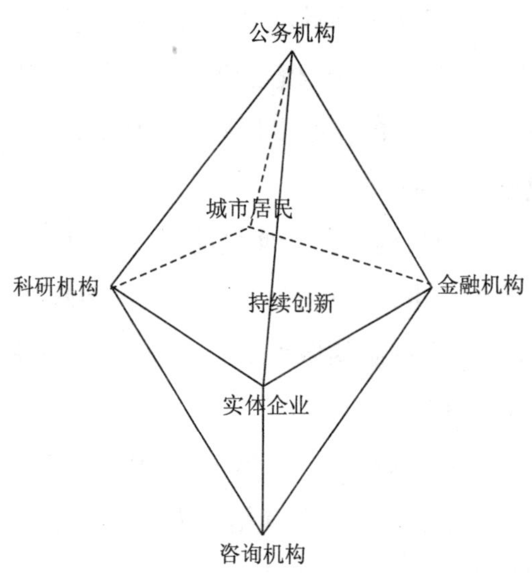


**图 3－1 城市投资环境建设主体："四棱双锥"模型**

如图 3－1 所示，城市主要是由实体企业、科研机构、金融机构、公务机构、咨询机构和城市居民 6 部分组成。这里的实体企业主要是指从事实物经营的企业，各实体企业之间具有一定的相互关联性。这种关联性可以是建立在专业化分工和交易基础上的垂直互动，可以是建立在互补和竞争关系上的水平互动，可以是建立在企业间共享任何价值活动（比如，基础性和辅助性的活动）的有形关联，可以是建立在企业间相互转让基本技能或管理特定类型活动的专有技术的无形关联，可以是建立在企业间具备相互竞争关系的竞争对手关联（Michael E. Porter）①。金融机构是指专门从事货币信用活动的中介组织。公务机构是指为城市提供软硬

① 根据迈克尔·波特：《竞争论》中的相关论述进行总结。

环境及发挥协调功能的政府机构和基于维护城市的整体利益出发而自发成立的民间团体等。科研机构(自然)是指为实体企业或政府提供实物知识和技术支撑的大学和科研院所等。咨询机构是指为政府或企业提供非实物性知识和技术支撑的大学、科研院所、咨询公司、行业协会、商会、创业服务中心、律师事务所和会计师事务所等机构。

如图3-1所示,"四棱双锥"模型的两个锥尖分别是公务机构、咨询机构,这两类机构对于城市的持续发展起着重要的作用,分别扮演着维持城市的公平和效率的角色。

公务机构中的政府机构要倾听实体企业、金融机构、科研机构、咨询机构和人民大众等的心声,尤其要通过ICT技术不断地从各个组织或个人获取各方面,尤其是那些制约城市发展的信息,以同各方一起制定出适合区域发展的产业政策及其他相关政策,提供优质的软硬环境,起到对相关组织发挥战略引导和协调的作用,这些机构要做到不是自己关起门来搞政策,同时要避免被其他机构尤其是商人所"俘获",这被称为政府的"镶嵌入式自主性"(PeterEvans,1995)。政府机构之间也要加强沟通和协调,以使各城市各区域或各部门之间能够有效互动。一些政府机构或民间机构也扮演仲裁的角色,主要是为城市各成员提供一个诉讼的场所,解决各成员面临的关切问题,以使整个城市营造一个公正和充满合作的气氛。

咨询机构集聚了大量的信息、技术、管理、法律等各方面的专业人员,要通过各种各样的途径尤其是先进的ICT洞察宏观、中观、微观经济发展走势,领会先进的政府、企业、科研管理的运作模式,掌握世界各国的法律规范及相关技术的发展方向,其是政府机构、实体企业、科研机构、金融机构的"外脑",可以用局外人的眼光,以更开阔的视野审视这些组织,提供各种各样的服务,尤其是可以帮助实体企业提升管理水平,获得市场机会和投资,有效降低相关风险,尽快进入相关领域;可以帮助政府制定各种各样的规划,提供发展思路、提升政府人员的做事效率;可以帮助科研部门尽快把自己科研成果转化成现实的生产力；可以帮助金融机构找到适合的投资项目。尤其是那些具备信息集成的咨询公司或科研院所具备很强的软实力，一方面具备专家知识，可以提供一些指导，另一方面拥有大量的信息，可以进行中介工作，大大加速了资源的快速流动和使用效率，对整个城市的发展起到重要作用，实质上，其和公务机构共同维持了整个城市的运作和发展。

如图3－1所示，“四棱双锥”模型的中间体分别是实体企业、科研机构、金融机构和人民大众，前三者是城市持续创新的执行者，尤其是实体企业经营的业绩更是城市竞争力的一个重要表征。实体企业通过公务机构提供的相关渠道，可以在更大的范围内搜集到大量的信息，包括供应商、客商、竞争对手的基本情况，新的市场趋势和机会、政府的产业政策、科研机构的新的知识、自己所关切的人才、金融机构的投资动向等；可以在政府部门中争取到更多的权益；可以联合相关企业、科研部门、金融机构、咨询机构进行新产品的开发和市场的开拓，以提升其市场占有率和经济效益。科研机构可以洞察市场的需求，同行的研究状况，避免关起门来做研究，以源源不断地给社会提供实用的科学技术知识和科学家、工程师及技术人员等优秀人才，甚至可以建立科技园，起到孵化科技型企业的作用。金融机构通过洞察各方的需求，找到很好的投资方向，可以有效地促进企业的诞生和健康成长，可以有效地支持科研部门进行研发活动，加速新思想、新知识或技术、新产品尤其是优秀人才的产生，可以帮助政府机构进行有前景的基础设施的开发，以创造良好的投资环境，城市居民可以向公务机构表达自己的关切，提升自己的话语权，促进生活环境的不断改善①。

**案例3－1：深圳的投资环境好在哪里？②**

深圳投资环境怎样，在深投资的外商尤其是跨国公司最有发言权。

---

① 借鉴王东升（2010）《新产业集群研究》中的相关论述。

② 《深圳特区报》，2001.7.19。

在深投资的跨国公司代表认为：

——六大营商环境得到“提速”

来自深圳市外资局的数据显示，迄今为止已有100多家跨国公司、国际知名大企业来深落户，投资项目达到180多个。其中，列入美国权威杂志《幸福》上公布的世界排名500强的有近80家。自2000年下半年开始，深圳市外商协会针对深圳投资环境开展了系列调研。结果表明，外商对深圳整体投资环境感到满意，特别是认为深圳硬环境建设在全国一流，各项基础设施超前而完善；软环境在“提速”后改善幅度之大也令人振奋。深圳市投资环境具体集中体现在以下6点。

①深圳毗邻港澳，拥有海陆空立体口岸，基础设施完备，城市功能齐全，引进来和走出去都很便利，这不仅适合发展制造业，也适合发展服务业和各项社会事业。

②深圳经济活跃，产业关联度较大，配套优势明显，市场发育比较成熟，生产要素能够得到合理、有效配置，投入产出比较高，有利于资本流入。

③深圳产业发展思路清晰，政府制定的发展战略和产业布局科学而务实，招商引资结构合理，注重与国际经济的融合，对经济全球化、信息化的适应能力较强，企业微观经济活动能够得到政府有效指导。

④深圳率先建立起社会主义市场经济体制，市场化程度较高。在资源配置中市场发挥主导作用，政府只是从宏观上通过法规政策指导协调地区经济发展，企业自主发展及伸缩余地较大。

⑤深圳法制较健全，初步建立了较完善的、与国际惯例相衔接的法规体系，社会经济生活的各方面都基本有法可依。

⑥深圳政府运作规范、办事效率和服务水平比较高。尤其是深圳海关、边检、商检等部门近两年改革力度较大，在今年（2001）“提速”会议后，服务意识明显加强，通过效率大大提高，已经成为深圳投资环境的优势所在。

——IBM 10 年 6 次“裂变”

IBM 中国公司首席代表任培善说:“我清楚记得,1995 年 IBM 在中国采购量达到 5000 万美元时(主要是深圳及周边地区),我们已感觉非常不错,没想到几年后这一数字成倍翻番,去年(2000 年)在中国的采购是 19 亿美元;1995 年时 IBM 在深圳的制造业产值只有 1.22 亿美元,2000 年我们超过 17 亿美元,2001 年预计达到 27 亿美元,这里的环境给我们机会。IBM 选择投资地点,一个项目往往会考察全球数十个城市,而且是 400 个条件一个一个过。”他列举 10 多个“相中”深圳的因素,包括先进的市政管理、简便的行政手续、优秀人才、便于与外地及当地供应商接洽,就连优质的员工生活环境也在其列。事实证明,当地投资环境以及政府鼓励发展高新技术产业的政策为 IBM 提供了发展机会。自 1991 年 IBM 在深成立第一家独资企业国际软件发展(深圳)有限公司,IBM 在深逐年“裂变”,已经拥有 6 家合资、独资工厂。

而这个裂变不仅是数量上的增多,1995 年 IBM 技术产品深圳公司成立,负责中国区新产品开发,此前 IBM 从未在一个发展中国家设立研发中心。为什么会这样选择? 因为深圳具有优秀人才,中国市场潜力巨大,IBM 需要本土化产品,更贴近客户需求。

任培善说,现在我们有大部分产品已经可以从国内供给客户,但一些高端产品还必须从全世界不同地区提供,这不利于竞争力的提高,因此我们希望尽快把这些尖端产品带到中国生产,同时加大深圳的研发力量,使产品不仅供给中国客户,还辐射亚洲区域,我们的目标是全球市场,希望这里成为 IBM 在全球非常重要的战略中心。

——奥林巴斯在深发生质变

同样是 1991 年进入深圳,奥林巴斯(深圳)工业有限公司有着与 IBM 深圳公司相似的经历。奥林巴斯(深圳)公司副总经理王保国谈到,10 年前进入深圳时,公司是个“小字辈”,伴随着深圳日新月异、飞速发展的脉搏,公司事业取得长足发展,成立至今三次追加投资扩大经营规模。尤其是今年(2001),奥林巴斯增资4500万美元,扩大附加值较高的光学零部件、数码照相机的生产规模,加快研发中心建设。而尤为可喜的是,奥林巴斯集团亚洲区域总部也于今年(2001)初由香港迁至深圳。可以说,这10年奥林巴斯(深圳)公司实现了由量变到质变的根本转变。

基于深圳公司的飞速发展,奥林巴斯的经营者对深圳的投资前景十分看好,提出了集团事业"从中国出发、走向世界"的口号,同时制定了两年内实现中国区域的利润值翻两三番的发展计划。毫无疑问,深圳将成为奥林巴斯集团的亚洲事业拓展中心。

而究竟是什么力量使得奥林巴斯集团对前途如此充满信心呢?王保国说,答案其实很简单,正是由于深圳市政府本着"求实、务实"的原则,为企业办好事、办实事,凭借年轻城市的发展潜力与活力,以及运用灵活多样的人才引进政策引来了大量高新技术人才,使得集团总部更加坚定了在深投资的决心。

——投资环境是最大"定心丸"

艾美特电器深圳公司副总经理蔡正富早在1987年就从中国台湾来的祖国大陆投资,1991年进入艾美特公司,是深圳这座年轻城市发展壮大的见证者之一。他说,艾美特电器深圳公司也紧紧跟随深圳前进的脚步,公司注册资本从建厂初期350万美元增加到2000万美元,厂房和仓储面积从1万平方米增加到6万平方米,并新购5.4万平方米的工业用地准备扩大生产规模。1992年艾美特公司销售额为人民币7000万元,到2000年已达到6亿多元,所生产的家用电风扇、电暖气等小家电不仅行销全国,还风行全球60多个国家和地区,是深圳"出口百强企业"。

外商为改善投资环境谏言:不怕竞争,就怕不知"游戏规则"。

IBM中国公司首席代表任培善说:"政策法规的透明度和清晰度对外商投资很关键。深圳的政策法规比较完善,但各部门在执法中由于政策理解不一,往往使企业左右为难,无所适从。企业并没有太多时间和精力去弄清这个法律究竟该怎样,而法律应该是怎样就是怎样。此外,社会对执法的监督也应加强，应建立有效的外资企业投诉协调处理机制。”他坦言，今后和深圳竞争的不是东莞也不是上海，而是周边国家，是全球化竞争，他相信深圳能够走在前面。

——加大对高级人才的吸引力

外商协会副会长、力之光机械公司温昔今说：“深圳虽具有一定人才优势，但一些高级经理和专业技术人才依旧难觅，已经成为深圳高新技术产业发展的一个障碍，深圳应借鉴上海等地经验，制定更加务实的吸引人才政策，通过住房、购车、保险、个人所得税返还等多方面优惠吸引归国留学人员和国内高级人才，为企业发展提供人才保障。”他同时谈到，需要根据中国加入 WTO 的新形势，制定鼓励跨国公司在深设立地区性总部、投资控股公司以及外商投资服务业的具体规定，为外商来深投资提供更加清晰的政策导向。

——服务贸易试点加快推进

普华永道合伙人孙桂华指出：“深圳应加快推进服务贸易试点方面的进程，以利于在我国加入 WTO 后抢先吸引外商投资深圳服务业。对发展外资服务业，当前政策有所限制，但深圳可先吸引外资服务业在深设立办事处，一旦条件成熟，办事处即可升格为公司。高效率的服务业是市场经济的重要特征，引进外资服务业的意义不仅在于引进服务业本身，更重要的是通过服务组织的高水平中介服务可以带动一大批外商来深投资。”

——政府探索服务业引资试验

加入 WTO 在即，深圳正积极探索在服务业领域利用外资先行先试，有所突破：即如何吸引跨国公司来深设立采购中心、如何在创业投资和创业板方面吸引外资以及如何吸收国际大的批发零售商在深建立大型批发零售企业，市外资局局长叶民辉在论坛上向与会跨国公司发出投资邀请。他谈到，下一步深圳利用外资将在过去以制造业为主的基础上适当加大服务业领域利用外资比重，目前政府已经着手 3 方面工作：研究如何吸引跨国公司来深设立采购中心、配送中心、地区总部。目前，国家对外商在华开展独资的国际贸易仍有限制，深圳正研究利用特殊区域和特殊政策推动这项工作，目前已经设计了一套方案，并开始案例试行，一旦试行成功，经政府决策通过，将在今年(2001)年底全面推开；研究在创业投资和创业板方面吸引外商进入，我们正在考虑能不能允许外国的证券公司加入到深圳的创业板市场以及高科技创业投资方面；希望能够采取特别政策吸引国际大的批发零售商在深建立大型的批发零售企业，尤其是大型的百货，深圳已经着手在福田中心区建设大型商场的基础设施，为外资进入创造先期条件。

叶民辉还谈到，吸引外商投资尤其是跨国公司投资是深圳今后加快发展的重要条件，深圳市政府将一如既往改善投资环境，政府工作效率将进一步“提速”，同时政府已经规划发展新的高新技术产业带和创办大学城，为跨国公司发展提供良好的创业环境。

# 第四章 NO.4 城市投资环境评价的指标和样本

在对城市投资环境的基本概念、典型特征、系统构成及其功能演化进行了深入分析的基础上，本章开始进入对于中国城市的投资环境评价。首先是评价的指标体系，分别以客观统计数据和投资者主观评价结果两套系统来建立城市投资环境的评价体系，下文中简称为客观指标和主观指标。其次是评价城市的样本选择，在目前国内重点的经济增长区域和城市群中选择了具有代表性的若干城市，作为本书对于中国城市投资环境研究的样本。

## 第一节　城市投资环境指标选取

投资环境是由许多能保证投资者进行正常生产经营并实现有利可图目的的统计客观指标与投资者主观评价指标共同构成的有机系统。在中国对城市投资环境的评价，政府所影响的投资软环境从一定程度上看比客观指标反映的投资硬环境更加引人关注，因此，本书在指标体系设计中特别强调了主观评价指标。改善投资环境是一个系统性的综合工程，但首先需要的是结合当地经济结构，筛选投资环境评价的指标，建立起一套与当地经济发展阶段相适应的科学体系。只有完成了这项基础性的工作，才能正确评价和监测现实生活中的投资环境，并科学合理地提出改进和优化投资环境的对策措施。随着中国的对外开放，国内理论界和实际工作部门开始了投资环境及其评价方法的具体研究，丰富和发展了中国投资环境的评价理论和方法。借鉴国内外投资环境的指标选择标准和中国城市投资环境的要素特征,设计城市投资环境评价指标体系由客观统计指标与主观评价指标组成。

## 一、客观统计指标的选取及设计

城市投资环境的客观评价是一个综合、全面的系统过程,本书把城市投资环境评价的指标划分为总量、质量和流量 3 个一级指标,基本涵盖城市投资环境的丰富内容和各具体分类指标。鉴于城市的规模及其他特征,以及相关流量指标获取的困难,指标体系的设置以少量的总量指标和流量指标为基础,以质量指标为主,共 25 个二级指标,着重从城市经济的集聚和扩散功能方面来评价投资环境的优劣。

1. 总量指标体系

总量指标体系主要突出体现一个城市的经济实力、实际产出能力及发展状况。总量是城市经济持续发展和综合竞争力的基础,也是城市经济发挥集聚和扩散功能的基础。如果缺乏总量支撑,那么即使质量再高,其投资环境竞争力提升空间依然有限。

总量指标体系的指标包括:

✓ GDP

✓ 社会商品零售总额

✓ 全社会固定资产投资总额

✓ 出口总额

✓ 城乡居民储蓄存款余额

✓ 银行贷款余额

✓ 城镇居民可支配收入

✓ 全国排位前 20 名的高校数

2. 质量指标体系

质量指标体系深刻地反映了城市经济的发展质量和社会经济的“健

康”状况，并且质量是决定城市发展能力的强弱和集聚、扩散功能的主要因素。如果总量过大，但缺乏质量，则说明该城市是外强而中干，无法进行有效竞争，更无法发挥资源集聚和扩散功能。

质量指标体系的指标包括：

✓ 人均 GDP

✓ 固定资产投资总额 10 年平均增长率

✓ 高新技术产业产值占工业产值比重

✓ 工业全员劳动生产率

✓ 财政支出占 GDP 比重(%)

✓ 第三产业增加值占 GDP 比重

✓ R&D 支出占 GDP 的比重

✓ 每万人中在校大学生数

✓ 来自国外的旅游收入增长率

✓ 吸引外资增长率

✓ 人均公共绿地面积(平方米/人)

✓ 人均铺装道路面积(平方米/人)

✓ 人均市区居住面积

✓ 每万人拥有卫生技术人员数

✓ 年末移动电话用户数

3. 流量指标体系

流量指标体系体现出城市经济集聚和扩散功能的发挥程度，通过指标比较可具体反映各城市在资本、技术、对外开放、资源利用等方面的集聚和扩散能力。流量是总量和质量的综合体现，只有总量和质量的相互协调，整体水平高，才能真正提高流量规模。

由于数据获取的困难，我们现只选择以下流量指标，以反映各城市在这些方面的集聚功能：

✓ 实际利用外资额

✓ 港口货物吞吐量

## 二、投资者主观评价指标体系

城市投资者主观评价，主要从投资方的角度评价当地是否具有良好的政策环境来保护及促进外来企业投资。本书采用的投资者主观评价指标包括了自然环境、基础建设、公共设施、社会环境、法制环境、经济环境、经营环境7个一级指标，共47个二级指标，通过投资者对城市投资环境进行主观评价。

1. 自然环境指标体系

✓ 当地生态与地理环境符合企业发展的条件

✓ 当地水电、燃料等能源充沛的程度

✓ 当地土地取得价格的合理程度

2. 基础建设指标体系

✓ 当地海、陆、空交通运输便利程度

✓ 通讯设备、资讯设施、网络建设完善程度

✓ 当地的污水、废弃物处理设备完善程度

✓ 当地的仓储物流处理能力

✓ 未来总体发展及建设规划完善程度

3. 公共设施指标体系

✓ 医疗、卫生、保健设施的质与量完备程度

✓ 学校、教育、研究机构的质与量完备程度

✓ 当地的银行商旅等商务环境便捷程度

✓ 当地的城市建设的国际化程度

4. 社会环境指标体系

✓ 当地的社会治安

✓ 当地民众生活素质及文化水平程度

✓ 当地社会风气及民众的价值观程度

- √ 当地民众的诚信与道德观程度
- √ 民众及政府欢迎外商投资设备态度

5. 法制环境指标体系

- √ 行政命令与国家法令的一致性程度
- √ 当地的政策优惠条件
- √ 政府与执法机构秉持公正执法态度
- √ 当地解决纠纷的通道完善程度
- √ 当地的工商管理、税务机关行政效率
- √ 当地的海关行政效率
- √ 劳工、公安、消防、卫生行政效率
- √ 当地的官员操守清廉程度
- √ 当地的政府对投资承诺实现的程度
- √ 当地环保法规规定适宜且合理程度
- √ 当地政府政策稳定性及透明度
- √ 当地政府对智慧财产权重视的态度
- √ 当地政府积极查处伪劣仿冒品的力度

6. 经济环境指标体系

- √ 当地人民的生活条件及人均收入状况
- √ 当地的商业及经济发展程度
- √ 金融体系完善的程度且贷款取得便利程度
- √ 当地的资金汇兑及利润汇出便利程度
- √ 当地经济环境促使投资者经济获利程度
- √ 该城市未来具有经济发展潜力的程度
- √ 当地政府改善投资环境积极程度

7. 经营环境指标体系

- √ 当地的基层劳动力供应充裕程度
- √ 当地的专业及技术人才供应充裕程度

✓ 环境适合投资者发展内需、内销市场的程度
✓ 投资企业在当地之劳资关系和谐程度
✓ 经营成本、厂房与相关设施成本合理程度
✓ 有利于形成上、下游产业供应链完整程度
✓ 当地的市场未来发展潜力优良程度
✓ 同业、同行间公平且正当竞争的环境条件
✓ 当地投资者享受政府自主创新奖励的程度
✓ 当地政府奖励投资者自创品牌措施的程度

## 第二节　城市投资环境评价的样本选择

改革开放30多年来，我国城市得到了前所未有的发展，城市化率从20%左右提高到45.7%（截至2008年末）。设市城市从193个发展到655个，城镇人口达到6.07亿。工业化带动城市化，城市化继而推动工业化，城市的兴起与发展是我国经济增长、社会进步的重要标志。

长三角、珠三角、环渤海是三大城市集聚区，也是城市化程度最高、城市化质量最好、城市化发展最为迅速的区域。本书是对中国城市投资环境的研究，为保证研究样本的全面性、代表性、数据可获得性，从长三角、珠三角、环渤海以及我国广大的中西部地区，筛选了12个城市，依次为：上海、杭州、苏州、广州、深圳、东莞、天津、大连、青岛、重庆、武汉、西安。

### 一、长三角地区

长江三角洲地区位于我国沿海中部长江入海口，经济意义上的长江三角洲，也就是人们平时所说的长江三角洲，是指由江浙沪15个地级以上城市组成的“长江三角洲城市经济协调会”的城市行政区域面积总和。2003年8月，浙江省台州市在长江三角洲城市经济协调会第四次会议

上，被正式接纳为第16个城市。至此为止，被人们普遍所认可的长江三角洲以上海为中心，包括江苏的苏州、无锡、常州、南京、镇江、扬州、泰州、南通，以及浙江的杭州、宁波、嘉兴、湖州、绍兴、舟山、台州共16个地级以上城市。长江三角洲地区16城市地理位置如图4－1所示。

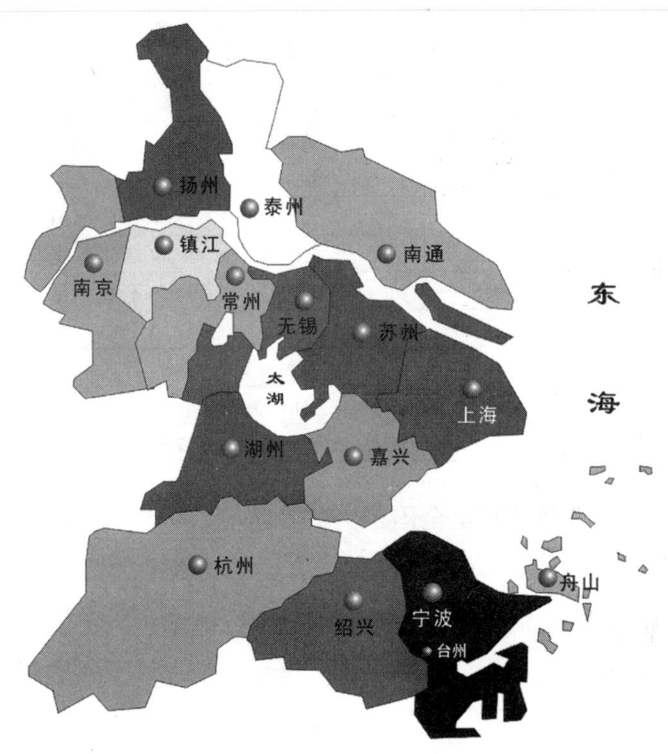


**图4－1　长江三角洲地区16城市地理位置**

在2008年《国务院关于进一步推进长江三角洲地区改革开放和经济社会发展的指导意见》中，长江三角洲地区包括上海市、江苏省全境和浙江省部分地区。长江三角洲地区城市体系如表4－1所示。

表 4－1　长江三角洲地区城市体系

| 省级单位(3 个) | 副省级城市(3 个) | 地级城市(12 个) | 县级城市(37 个) |
| --- | --- | --- | --- |
| 上海 | | | |
| 江苏 | 南京 | | |
| | | 无锡 | 江阴、宜兴 |
| | | 常州 | 溧阳、金坛 |
| | | 苏州 | 常熟、张家港、昆山、吴江、太仓 |
| | | 南通 | 启东、如皋、通州、海门 |
| | | 扬州 | 仪征、高邮、江都 |
| | | 镇江 | 丹阳、扬中、句容 |
| | | 泰州 | 兴化、泰兴、靖江、江堰 |
| 浙江 | 杭州 | | 建德、临安、富阳 |
| | 宁波 | | 余姚、慈溪、奉化 |
| | | 嘉兴 | 海宁、平湖、桐乡 |
| | | 湖州 | |
| | | 绍兴 | 诸暨、上虞、嵊州 |
| | | 舟山 | |
| | | 台州 | 临海、温岭 |

长江三角洲经济圈是全国最大的经济圈，其经济总量相当于全国国内生产总值 20%，且年增长率远高于全国平均水平。长江三角洲的进出口总额，财政收入，消费品零售总额均居全国第一。长江三角州城市圈是世界六大城市圈之一。

1. 上海市

上海城市形成于 16 世纪，20 世纪 40 年代便已有“东方巴黎”的美誉，其地理区位优势十分显著，位于中国南北海岸线的中部，交通便利，腹地广阔，经济开发资源丰富，是一个良好的江海港口。上海市是我国第一大城市，经济总量首屈一指，是中国的经济中心和金融中心，也是我国最大的工业基地、最大的外贸港口，中央 4 个直辖市之一。上海全市土地面积为 6341 平方公里，2007 年末全市常住人口 1858 万人，其中外来常住人口 499. 22 万人，全市按常住人口计算的人口密度为每平方公里 2930 人。

（1）总体概况

2007 年上海市地区生产总值已达 12188.85 亿元（如图 4－2），其中第二产业增加值 6235.92 亿元，按可比价格计算，比 2002 年增长 86.2%，平均每年增长 13.3%；第三产业实现增加值 7350.43 亿元，比 2002 年增长 78.3%，平均每年增长 12.2%。三次产业的比例关系为 0.8∶47.3∶51.9，第三产业比重已连续 9 年保持在 50% 以上。

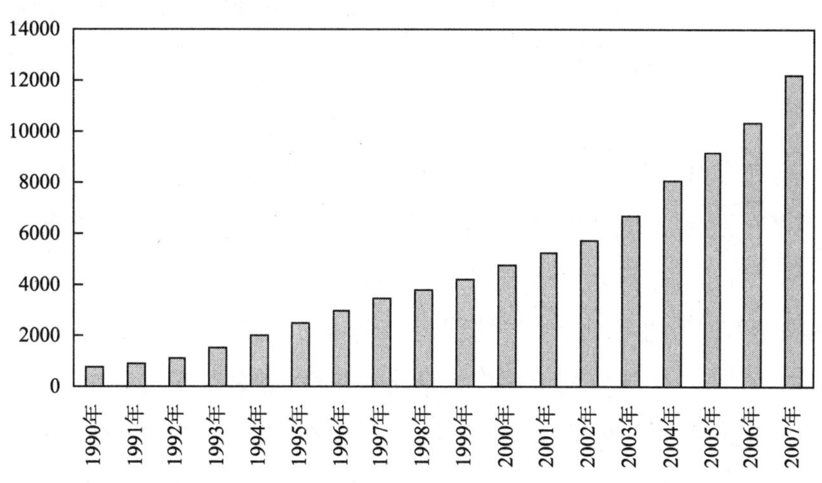


**图 4－2　上海市 1990－2007 年度地区生产总值**

2007 年上海市地方财政收入 2102.63 亿元，比上年增长 31.4%。其中，地方级税收收入 1975.48 亿元，增长 33.5%。在地方级税收收入中，增值税 313.42 亿元，增长 16%；营业税 714.6 亿元，增长 27.9%；个人所得税 169.44 亿元，增长 29.3%；企业所得税 425.63 亿元，增长 57.3%。全年地方财政支出 2201.92 亿元，比上年增长 21.4%。其中，社会保障和就业支出 274.22 亿元，增长 56.9%；教育支出 283.33 亿元，增长 20.5%；公共安全支出 134.33 亿元，增长 10.3%；一般公共服务支出 182.61 亿元，增长 8.1%。

2007 年上海市社会固定资产投资总额 4458.61 亿元，比上年增长 13.6%，其中建设改造投资 2775.81 亿元，增长 23.5%。从产业投向看，第一产业投资8.37亿元,比上年下降41.4%,占全社会固定资产投资总额的比重为0.2%;第二产业投资1397.57亿元,增长15.2%,所占比重为31.3%;第三产业投资3052.67亿元,增长13.1%,所占比重为68.5%。从投资主体看,国有经济投资1779.43亿元,比上年增长21.9%,占全社会固定资产投资总额的比重为39.9%;集体经济投资121.51亿元,下降23.7%,所占比重为2.7%;股份制经济投资1169.49亿元,增长28.5%,所占比重为26.2%;外商及港澳台投资711.35亿元,下降2%,所占比重为16%。

(2)产业发展

上海市以服务经济为主的产业结构已基本形成,先进制造业竞争力全面提升,形成了电子信息、金融业、商贸流通业、汽车制造业、成套设备制造业、房地产业等六大支柱产业。2007年,六大支柱产业完成工业总产值14377.29亿元,占上海规模以上工业总产值的比重达到65.5%。

电子信息:上海以加快城市信息化为契机,集中力量,加大投入,实现信息产业跨越式发展,已在软件设计、芯片制造等领域确立国内领先地位。上海正加快引进和建设超大规模集成电路生产线,建设芯片设计、封装等前后道配套项目。加快发展数字音视频产品,推动通信、光电子、元器件等在国内具有比较优势产品的升级换代。健全与国际接轨的商业软件开发机制,重点开发集成电路设计、嵌入式软件和系统集成,积极推广拥有自主知识产权品牌软件。逐步降低进入门槛,有序对外开放信息服务市场。通过大力发展电子商务、推行网上政务、建设信息化社区等,加快发展电信增值、网络应用、咨询设计等信息服务业。

金融业:金融业是上海的支柱产业之一,金融业增加值占GDP的20%以上。上海着力推进金融资源的重组整合,支持国有商业银行改制,积极发展股份制银行,积极稳妥发展中外合资金融保险机构,引进和发展货币经纪公司。推动在金融分业管理框架下银行、证券、保险业务的相互融通。在积极配合国家加强证券监管的基础上,继续推动证券、期货业发展，鼓励有条件的企业上市融资，积极培育各类机构投资者，加快发展各种基金，大力吸引国内外投资银行和证券公司来沪设立机构，促进证券经纪、咨询、评估、投资等金融中介服务业的发展。建立和扩大多元投资的保险公司，扩大保险业务和拓展再保险业务，培育保险中介机构。进一步规范发展信托、租赁、基金、财务、担保等非银行金融服务业。

商贸流通业：商贸流通业占 GDP 的比重在 8% 左右。上海通过鼓励发展连锁商业等新业态，加快改造传统商业，提高商业科技含量，实现商业运营管理的信息化。加快组建国内营销网络，输出上海商业的优势业态、品牌和管理。发展大众化、特色化餐饮业。进一步调整商业布局结构，着力提升商业专业特色街经营功能，优化各类专业市场的布局，形成中心商业区、区域商业中心、社区商业中心和郊区城镇商业分层搭配、相互衔接的新体系。进一步优化出口产品结构和地区结构，促进出口贸易方式的创新，提高高新技术产品出口比重，加快发展服务贸易。大力推动多种所有制企业扩大外贸出口。发挥上海的口岸优势，积极引进先进技术、关键设备，扩大重要资源的多元化进口。

汽车制造业：上海实施以乘用车为主导产品、轿车为重点产品的发展战略，发展品牌轿车系列产品，加快开发实用型家用轿车，有选择地发展客车和货车。引进、消化世界汽车工业的先进技术和管理，重点增强设计和部分关键零部件自主开发能力。加快零部件生产体系的整合，推动零部件生产的通用化、规模化，扩大国内外零部件的市场采购和合作生产，鼓励扩大零部件及汽车出口。同时，加快培育汽车展示、贸易等综合性汽车服务业，加快上海国际汽车城建设。

成套设备制造业：利用信息系统集成技术改造提升成套设备和组合加工设备的集成化水平，大幅度提高成套设计、培训、技术服务和维修的综合能力。重点发展大型和超大型发电与输变电设备，加快发展数控机床及光机电一体化设备、石油化工设备、实时优化控制系统集成制造等行业，大力培育城市轨道交通设备等新兴制造业，加大信息产业装备和生产线的研制开发力度，使上海逐步具备为电子信息产业提供工作母机和生产线的能力。

房地产业：促进房地产一、二、三级市场联动发展，加快建立“政府扶持、有偿改善、企业参与、市场运作”的旧区改造新机制，根据城市总体规划，进一步推进旧城区住房的拆除和不成套独用住房的成套改造，保护和修缮有历史文化价值的建筑与街坊。在健全法规、强化管理的同时，大力发展和完善物业管理服务。

(3)吸收外资

上海是我国吸收外商直接投资总额最高的城市，2007 年批准外商直接投资合同项目 4206 项，比上年增长 3.6%；吸收外资合同金额 148.69 亿美元，增长 2%；实际到位金额 79.2 亿美元，增长 11.4%。全年第三产业吸收外商直接投资实际到位金额 53.15 亿美元，占全市实际利用外资的比重达到 67.1%。全年外商投资企业增资 91.32 亿美元，比上年增长 36%，占全市外商直接投资合同金额的比重达到 61.4%。全年批准总投资在 1000 万美元以上的外商直接投资项目 260 项；合同金额 110.09 亿美元，增长 4.5%。

至 2007 年底，在上海投资的国家和地区已达 130 个。总部经济加快集聚。年内新落户的跨国公司地区总部、投资性公司和外资研发中心分别达到 30 家、15 家和 34 家。至 2007 年末，在上海落户的跨国公司地区总部达到 184 家，投资性公司 165 家，外资研发中心 244 家。

至 2007 年底，上海市累计实际利用外资总额达到 746.83 亿美元，签订合同 48753 个，合同金额 1294.04 亿美元。从来源地来看，中国香港是上海外资的主要来源地，占到 26%，其次是日本和美国，分别占到 14% 和 10%。上海市 2007 年外商投资的来源地结构情况如图 4 - 3 所示。

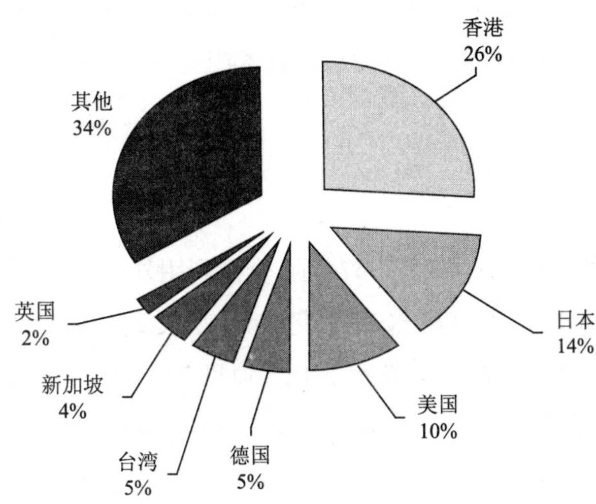


**图 4－3　上海市 2007 年外商投资的来源地结构**

2. 杭州市

杭州是浙江省省会，副省级城市，长三角的副中心城市，浙江省政治、经济和文化中心，中国东南重要的交通枢钮。杭州经济发达，有"钱塘自古繁华"之称。杭州市土地面积 3068 平方公里，2007 年末常住人口 786. 2 万人。

（1）总体概况

2007 年全市地区生产总值 4103. 89 亿元，连续 17 年保持两位数增长。其中，第一产业增加值 167. 57 亿元，第二产业增加值 2059. 15 亿元，第三产业增加值 1877. 17 亿元。三次产业结构由上年的 4. 5∶50. 4∶45. 1 调整为 4. 1∶50. 2∶45. 7。

（2）产业发展

杭州着力打造"3＋1"的现代产业体系。"3"就是现代农业、现代工业、现代服务业，"1"就是文化创意产业，重点培育文化创意、旅游休闲、金融服务、电子商务、信息软件、先进装备制造、物联网、生物医药、节能环保、新能源等十大产业。十大产业增加值超过 3000 亿元，占到 GDP 的 70% 以上。全年规模以上工业销售产值 9165. 97 亿元，增长 12. 3%。大力发展高新技术产业，兴办信息、生物两大国家高技术产业基地。新认定市级高新技术产业园26个，推动高新技术产业由点到面发展，形成“两港两点多区”格局。新认定高新技术企业804家和软件企业82家，分别占全省的60.4%和80.4%。

(3)吸收外资

2007年批准外商直接投资574项，合同利用外资55.81亿美元，比上年增长3.7%；实际到位外资28.02亿美元，增长24.2%。在新批外商投资项目中，总投资在1000万美元以上大项目298个，投资总额和合同外资分别占全市的96.4%和95.4%。第三产业利用外资加快，全年合同利用外资37.22亿美元，比上年增长44.1%；实际利用外资17.58亿美元，比上年增长76.5%。截至2007年末，共有58家世界500强企业来杭投资91个项目。杭州市2000—2007年吸收外资总量与增速情况如图4-4所示。

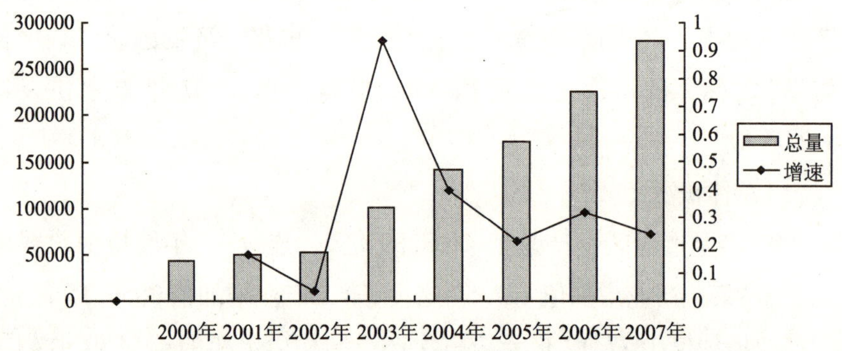


**图4-4 杭州市2000—2007年吸收外资总量与增速**

从投资来源地来看，中国香港、英属维尔京群岛、美国占据前三位，分别占到总量的63%、23%和6%。杭州市2007年外商投资的来源地结构情况如图4-5所示。

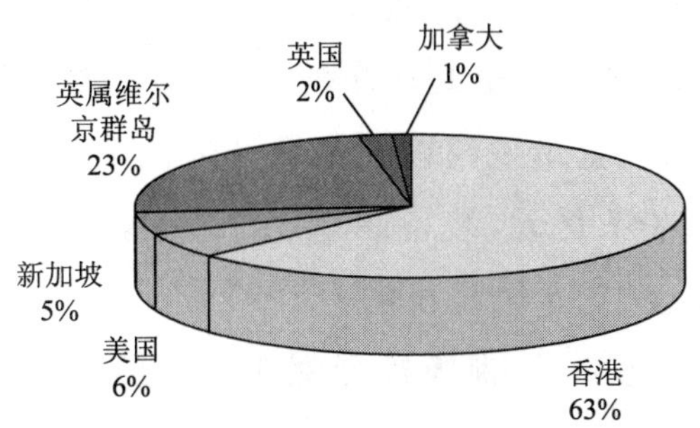


**图4-5　杭州市2007年外商投资的来源地结构**

3. 苏州市

苏州是江苏省的经济、对外贸易、工商业和物流中心，也是重要的文化、艺术、教育和交通中心。苏州位于太湖之滨，长江南岸的入海口处，京沪铁路、京沪高铁（在建）和多条高速公路贯穿全境。苏州东邻上海，濒临东海；西抱太湖，背靠无锡，隔湖遥望常州；南临浙江，与嘉兴接壤，所辖太湖水面紧邻湖州；北枕长江，东距上海市区80千米，是江苏省的东南门户，上海的咽喉，苏中和苏北通往浙江的必经之地。苏州市土地面积8488平方公里，2007年末常住人口882万人。

（1）总体概况

2007年，苏州市经济总量跃过5000亿元大关，全市地区生产总值达5701亿元，按可比价格计算比上年增长16%，其中第三产业增加值1970亿元，比上年增长17.5%。产业结构进一步优化，三次产业的比例为1.7∶63.7∶34.6，第三产业比重比上年提高1.9个百分点。

2007年，全市社会固定资产投资2366.36亿元，比上年增长12.3%。其中，国有经济投资349.38亿元，比上年下降24.3%；第二产业完成投资1218.66亿元，增长4.7%；第三产业完成投资1144.05亿元，增长21.5%，占全社会投资比重达到48.3%。

（2）产业发展

苏州市2009年工业总产值1.9万亿元，其中规模以上工业总产值1.63万亿元。电子信息、装备制造、纺织、轻工、冶金和化工六大支柱产业规模以上企业实现工业总产值15.4亿元(其中含新兴产业产值3700亿元),占全市规模以上工业产值的94.5%。六大产业分别为:电子信息5841亿元、装备制造3222亿元、纺织2010亿元、轻工1975亿元、冶金1255亿元和化工1097亿元。支柱产业的健康稳定发展,为应对金融危机、保障社会就业、促进苏州经济平稳较快发展发挥了重要作用。

苏州工业园是苏州产业的重要集聚区,也是苏州产业的世界展示窗口。苏州工业园形成了“3+5”产业体系,即促进电子信息制造、机械制造、现代服务业三大主导产业,生物医药、纳米光电新能源、软件与动漫、融合通信、生态环保五大新兴产业跨越发展。其中,电子信息制造和机械制造两大产业更以高度产业集聚规模(两大产业占规模以上工业产值87%,吸纳就业人口约占全区78%),成为引领园区工业经济发展龙头。同时,这两大产业由于市场需求大、产业关联度高、技术和知识密集度高,对国民经济支撑作用大而被国家和省市列入了新一轮产业振兴规划,加以大力扶持。

(3)吸收外资

苏州市利用外资规模持续扩大,“招商引资”逐步向“择商选资”转变,引资结构进一步优化。2007年,全市新增注册外资185.2亿美元,比上年增长16.3%;实际利用外资73.8亿美元,比上年增长20.9%,其中服务业实际利用外资增长44.5%,占全市实际利用外资的比重比上年提高1.7个百分点。利用外资项目规模扩大,批准超千万美元以上的项目1017个,注册外资167亿美元,占全市注册外资的比重为90.2%,其中24个项目超亿美元。1257家外商投资企业先后增资,增加注册外资54亿美元。世界500强企业中已有118家落户苏州。苏州市2001—2007年吸收外资总量与增速情况如图4-6所示。

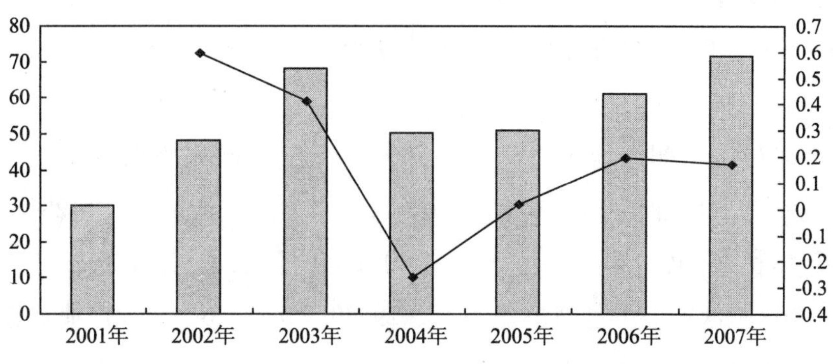


**图 4-6　苏州市 2001—2007 年吸收外资总量与增速**

## 二、珠三角地区

"珠三角"概念首次正式提出是 1994 年 10 月 8 日，广东省委在七届三次全会上提出建设珠江三角洲经济区。珠江三角洲地区包括广州、深圳、珠海、佛山、江门、中山、东莞和惠州市的惠城区、惠阳、惠东、博罗及肇庆市的端州区、鼎湖区、高要、四会等地。全区面积占全省总面积的 23.4%，人口占全省总人口的 31.4%（1994 年），近年来实现国内生产总值占全省国内生产总值的 70% 左右。珠江三角洲是全国经济发展最迅速的地区之一。

2008 年珠三角地区 GDP 总值达 29745.58 亿元（4342.843 亿美元），占全国 10%。2009 年 1 月 8 日，国务院发布《珠江三角洲地区改革发展规划纲要（2008—2020）》。纲要提出，到 2012 年，由广州、深圳、佛山、珠海、东莞、中山、惠州、江门、肇庆 9 个城市组成的珠江三角洲地区率先建成全面小康社会，人均地区生产总值达到 80000 元；到 2020 年，率先基本实现现代化，人均地区生产总值达到 135000 元。

1. 广州市

广州地处中国南方，广东省南部，珠江三角洲的北缘，西江、北江、东江水道在此汇合，濒临南中国海，珠江入海口，毗邻港澳，地理位置优越，亦是“海上丝绸之路”的起点，被称为中国的“南大门”。广州市土地面积7434平方公里，2007年末常住人口1004万人。

（1）总体概况

2007年，广州市地区生产总值7050.78亿元，同比增长14.5%。其中，第一产业增加值161.09亿元，增长5.0%；第二产业增加值2816.89亿元，增长15.6%；第三产业增加值4072.80亿元，增长14.1%。第一、第二和第三次产业增加值的比例为2.29∶39.95∶57.76。三次产业对经济增长的贡献率分别为0.8%、43.1%和56.1%。地方一般预算财政收入523.79亿元，增长22.6%。全年完成全社会固定资产投资1863.34亿元，增长9.8%。从产业投向来看，第一产业完成投资1.15亿元，下降35.9%；第二产业完成投资402.77亿元，下降13.1%；其中，工业完成投资393.06亿元，下降14.0%，工业技改完成投资154.06亿元，增长7.4%；第三产业完成投资1459.42亿元，增长18.5%。三次产业投资额的比例为0.1∶21.6∶78.3。

（2）产业发展

广州市加快推动现代服务业高端发展，重点发展金融保险、商贸会展、现代物流、信息服务、文化创意五大产业。大力发展金融总部经济，积极发展产权交易市场、股权投资市场、柜台交易市场和期货交易市场。加速推进汽车制造、石油化工、重大装备三大产业带动力强的生产力骨干项目，加快建设造船、核电装备、数控等国际级产业基地，建设国家重要造船基地和世界级船用柴油机生产基地。同时，广州注重培育发展战略性新兴产业，加快推进广州国际生物岛和高新区生物医药基地为核心的国家级生物产业基地，启动广州国际健康产业城、南沙生物产业园、南沙国际医疗城等项目。建设信息、软件国家级高技术产业基地和国家数字家庭应用示范产业基地，重点发展软件和信息服务业、云计算、物联网和下一代互联网、新一代移动通信等产业。此外，广州还加紧推进战略性发展平台建设，抓紧建立战略性发展平台建设部门协调机制，尤其重视南沙新区这一深化粤港澳合作的重大项目。

2007 年广州规模以上工业企业实现总产值 8905. 22 亿元，增长 20. 3%。其中，汽车制造业、电子产品制造业和石油化工制造业三大支柱产业完成工业总产值 3867. 56 亿元，增长 24. 1%，占广州规模以上工业总产值的比重为 43. 43%。其中，汽车制造业完成工业总产值 1622. 26 亿元，增长 37. 4%，占广州规模以上工业总产值的比重为 18. 22%，提高 2. 18 个百分点。汽车制造业中汽车零部件制造业增长 74. 4%。电子产品制造业和石油化工制造业分别完成工业总产值 837. 23 亿元和 1408. 07 亿元。批发和零售业实现零售额 2178. 65 亿元，金融业实现增加值 280. 47 亿元。

（3）吸收外资

2007 年广州市外商直接投资实际使用外资金额 32. 86 亿美元，增长 12. 4%；批准外商直接投资项目（企业）959 个，下降 6. 4%；合同外资金额 70. 35 亿美元，增长 60. 2%。其中，合同外资增资金额 43. 95 亿美元，占全市外商直接投资合同外资金额的 62. 47%。全年批准投资总额在 1000 万美元以上的外商投资项目 246 个，合同外资金额 61. 32 亿美元，增长 87. 2%。截至 2007 年底，广州市累计吸收来自 117 个国家和地区的外商直接投资项目 18255 个。世界 500 强大企业累计已有 160 家进入广州，共设立 348 个项目，投资总额 135. 48 亿美元。

截至 2007 年末，在广州市工商局注册登记的外商直接投资企业共 8861 家，比上年末增长 0. 2%。外商投资企业在穗设立分支机构（非法人）5842 个，外国及港澳台地区企业在穗设立常驻代表机构 7292 个。广州市 2000—2007 年吸收外资总量与增速情况如图 4 - 7 所示。

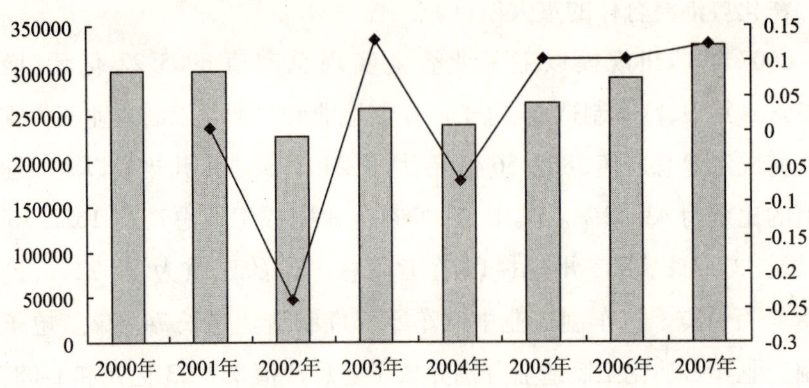


**图4-7　广州市2000—2007年吸收外资总量与增速**

2. 深圳市

深圳市位于中国南方珠江三角洲东岸,隶属中华人民共和国广东省,是中国第一个经济特区,经国务院批准于1980年8月26日正式设立。全市土地总面积为1953平方公里,其中经济特区面积395.81平方公里,2007年末深圳常住人口861万人。经过29年的建设和发展,深圳由一个昔日的边陲小镇发展成为具有一定国际影响力的新兴现代化城市,创造了举世瞩目的"深圳速度"。深圳是中国南方重要的高新技术研发和制造基地,也是世界第四大集装箱港口,中国第四大航空港,中国第四大旅游城市。中国社科院《2007年中国城市竞争力蓝皮书》表明,深圳的城市综合竞争力位列内地城市第一。

(1)总体概况

2007年深圳市地区生产总值达6765.41亿元,增长14.7%;全年完成地方财政一般预算收入658.06亿元,比上年增长31.4%;社会消费品零售总额1671亿元,增长16.2%;2007年全年完成全社会固定资产投资1345.00亿元,比上年增长5.6%。其中,第一产业投资2.40亿元,比上年增长6.3倍;第二产业投资371.52亿元,下降17.5%;第三产业投资971.08亿元,增长18.0%。

(2)产业发展

高新技术产业、金融业、物流业、文化产业等四大产业成为深圳产业的中坚力量。2009 年,深圳四大支柱产业的增加值占全市 GDP 的 61.47%,对整体经济的支撑作用巨大。其中,高新技术产品增加值占 GDP 比重达 31.8%,金融业增加值占 GDP 比重 13.54%,物流业增加值占 GDP 比重达 9.63%,文化产业增加值占 GDP 比重为 6.5%。

互联网、生物、新材料、新能源等战略性新兴产业成为深圳产业发展的新增长点。深圳互联网产业起步较早,基础较好,发展较快,产业规模位居全国大中城市前列。2008 年深圳互联网产业产值约为 160 亿元,占全国产业规模的 11.5%。生物产业产值 358.5 亿元,占全市 GDP 的比重为 1.4%,产业规模位居国家生物产业基地城市前三位;生物医疗设备、生物制药产业规模全国领先;销售收入过亿元的生物企业 61 家,其中过 10 亿元的企业 6 家。迈瑞、三九、海普瑞等一批企业已成长为我国各专业领域自主创新的龙头企业。新能源产业产值约 300 亿元,其中新能源开发利用产值超过 140 亿元,新能源服务业产值超过 50 亿元,太阳能薄膜电池生产规模全国领先,涌现出中广核、比亚迪等产值过百亿元的龙头企业,以及拓日、创益、伽伟、嘉普通、艾默生、能源环保、南玻等一批产值超亿元的新能源知名企业,产业集聚效应初显。

深圳市战略性新兴产业将成为未来经济的重要增长极。互联网产业将以宽带移动通信、下一代互联网基础设施、三网融合、电子商务应用等基础服务业和应用服务业推动全市产业升级,加速信息化在各产业领域的渗透;生物产业将以医疗设备、生物医药等为重点,不断扩大产业规模,成为继信息产业之后又一新兴主导产业;新能源产业将以太阳能、核能、新能源汽车为依托,加快促进全市能源使用结构优化,减少碳排放,促进产业持续发展;新材料产业将以电子信息产业材料、新能源材料、生物材料为发展重点,为深圳高新技术产业和先进制造业发展提供基础材料支撑。战略性新兴产业已成为新一轮科技革命的核心支点,是未来产业结构优化升级的重要推动力量。

(3)吸收外资

深圳市2007年实际使用外商直接投资金额36.62亿美元，比上年增长12.0%，其中制造业所占比重为48.9%；交通运输、仓储和邮政业占比重为5.9%；租赁和商务服务业为8.6%；房地产业为7.9%。在深圳投资的世界500强跨国公司总数累计达148家。深圳市2000—2007年吸收外资总量与增速情况如图4－8所示。

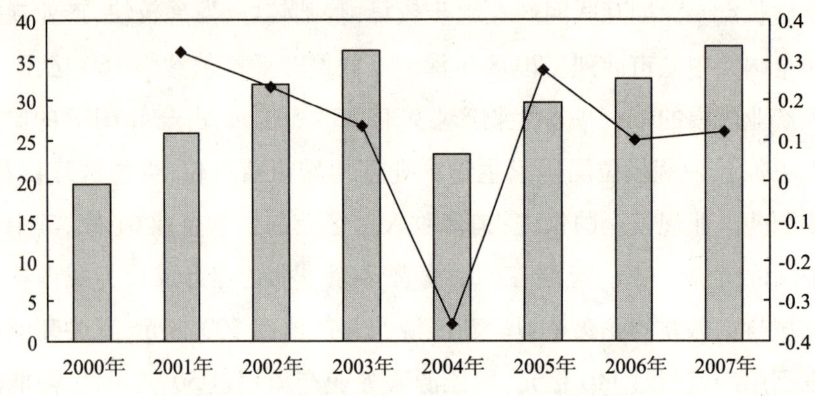


**图4－8　深圳市2000—2007年吸收外资总量与增速**

3. 东莞市

东莞市位于广东省中南部，珠江口东岸，北接广州，南连深圳。东莞是著名的“广东四小虎”之一，更是世界上最大的加工业基地之一。1985年9月撤县设市，1988年1月升格为地级市，下辖28个镇、4个街道办事处，440个村委会，156个居委会。东莞有港澳台同胞70多万人，海外侨胞20多万人，是著名的侨乡。东莞市土地面积2465平方公里，2007年末常住人口694万人。

(1)总体概况

2007年东莞市地区生产总值3151亿元，比上年增长18.1%，其中第一产业增加值12.28亿元，下降10.0%；第二产业增加值1790.68亿元，增长15.5%；第三产业增加值1348.04亿元，增长22.0%。三大产业的比例为0.4∶56.8∶42.8。

2007年东莞市地方预算内一般财政收入186.45亿元，增长44.6%。2007年完成全社会固定资产投资总额841.11亿元，比上年增长19.2%，增幅比上年提高1.1个百分点。从产业投向来看，投资集中在二、三产业。第二产业投资362.47亿元，其中制造业投资335.11亿元；第三产业投资478.61亿元。从投资主体来看，国有经济投资71.56亿元，比上年增长70.8%，占固定资产投资总额的比重为8.5%；集体经济投资213.71亿元，增长18.1%，占25.4%；民营经济投资282.66亿元，增长17.3%，占33.6%；外商及港澳台投资236.01亿元，增长2.7%，占28.1%。

（2）产业发展

东莞市形成了以制造业为主，以电子资讯产业为支柱的外向型经济结构，是国际性的加工制造业基地和中国重要的外贸出口基地。目前，东莞以松山湖科技产业园为龙头，大力发展科研、教育、市场中介服务业以及金融、物流、会展、旅游等产业支援服务业，发挥集聚效应，加强招商引资，吸引国内外大型骨干软件企业、集成电路企业、光电子企业投资创业。积极引进芯片设计、软件开发、数字技术、精密机械等“高、精、尖”项目，巩固信息产品制造业的支柱地位，增强配套优势，延长产业链条。

2007年东莞市八大支柱产业总产值3848.78亿元，比上年增长15.9%。其中，通信设备、计算机及其他电子设备制造业产值1651.03亿元，增长14.9%。电子信息制造业产值2610.81亿元，增长16.1%，实现利润总额62.42亿元，增长20.2%。实现金融业增加值75.55亿元，比上年增长17.5%。规模以上民营工业完成总产值787.87亿元，增长20.3%。

（3）吸收外资

2007年全市新签外商直接投资项目708个，合同外资金额31.26亿美元（含增资和减资），比上年增长25.8%；实际利用外资21.17亿美元，增长17.1%。增资项目955个，合同增资金额18.56亿美元，增长38.7%；全市新签超千万美元的项目45个，比上年增加9个；合同外资金额 5.85 亿美元。全市增资额超千万美元的项目有 76 个,增加 27 个;合同增资金额 19.79 亿美元,占全市合同外资的 31.7%。全市新签投资项目平均投资规模达到 273.6 万美元,增长 10.3%。新签服务业项目 84 个,增加 24 个;合同外资 2.76 亿美元,增长 118.5%,主要涉及批发业、仓储业、房地产业、商务服务业、专业技术服务业、软件服务以及管理服务等行业;全市利用外资使产业结构进一步得到优化,三大产业吸收外资比例由上年的 0.19∶94.07∶5.74 调整为 0.15∶88.43∶11.42。东莞市 2000—2007 年吸收外资总量与增速情况如图 4-9 所示。

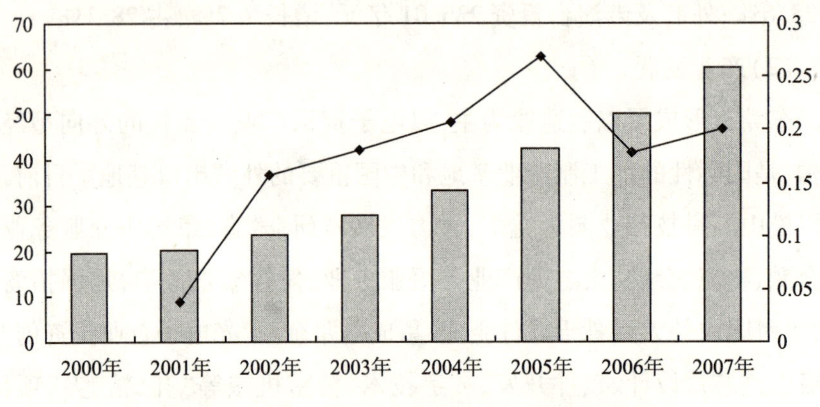


**图 4-9　东莞市 2000—2007 年吸收外资总量与增速**

## 三、环渤海地区

“环渤海地区”抑或是“环渤海经济圈”,狭义上是指辽东半岛、山东半岛、环渤海滨海经济带,同时延伸辐射到山西、辽宁、山东以及内蒙古中东部,约占全国国土面积的 13.31% 和总人口的 22.2%。区域内包括北京、天津、沈阳、大连、太原、济南、青岛、保定、石家庄等多座城市。

渤海是一个内海,被辽东半岛、山东半岛和华北大平原“C”字形所环抱。覆盖面积遍及大半个中国,并且是东北、华北、西北和华东部分地区的主要出海口。东北三省及内蒙古东四盟的粮食、畜产品、石油,西北地区的煤炭、皮毛,华北地区的石油、轻纺产品,渤海的海产品,甚至远在数千里的青海、新疆的货物都要经过这里运往世界各地。同时这里也是与世界160多个国家和地区贸易往来的通道，从国外进口的设备、资金、商品也要从这里进入中国的北方市场。这些内陆腹地，涉及十几个省和自治区，其土地面积约占全国的60%，国民生产总值约占全国的40%。

环渤海城市是我国较发达的地区之一，其中拥有许多著名的大中型企业。1997年，13座城市的GDP占了全国GDP的7.8%。因此，环渤海城市的经济对于全国十分重要。近年来，该地区工业发展迅速。1994—1998年河北和山东两省的工业持续增长，天津市和辽宁省在1994—1997年保持增长，但到1998年稍有回落。在过去几十年的经济显著发展和城市化过程中，环渤海城市对全国经济的发展提供了基础支持。

1. 天津市

天津是中国4个直辖市之一，市中心距北京137公里，是中国北方的经济中心、国际港口城市、生态城市。天津市位于环渤海经济圈的中心，是中国北方最大的沿海开放城市、近代工业的发源地、近代北方最早对外开放的沿海城市之一、我国北方的海运与工业中心。天津市土地面积11917平方公里，2007年末常住人口1115万人。

(1)总体概况

2007年天津市实现地区生产总值5018.28亿元，同比增长15.1%。三次产业结构比例为2.1:57.6:40.3，其中，第一产业实现增加值102.86亿元，增长1.4%；第二产业增加值2891.33亿元，增长16.5%；第三产业增加值2024.09亿元，增长14.0%。第三产业增速比上年加快2.9个百分点。2007年，全市财政收入突破1000亿元，达到1204.33亿元，比上年增长30.1%，占全市生产总值的比重为24.0%，比重比上年提高2.7个百分点，其中地方一般预算财政收入540.13亿元，增长29.6%。2007年，全市全社会固定资产投资完成2388.63亿元，比上年增长29.1%。其中，城镇固定资产投资2227.66亿元，增长30.3%。在城镇固定资产投资中，第一产业投资6.54亿元，比上年增长93.5%；第二产业投资962.27亿元，增长37.1%，其中工业投资938.44亿元，增长35.9%；第三产业投资1258.85亿元，增长25.3%。

（2）产业发展

天津市经过多年的发展，形成了航空航天、电子信息、装备制造、汽车、石油化工、冶金、生物技术与现代医药、新能源及环保等八大支柱产业，其中装备制造业成为主要支撑力量，完成产值5224.4亿元，同比增长10%，占全市工业的44.6%，对全市工业增长的贡献率达到63.3%。航空航天、新能源新材料、轻纺工业、生物医药产业增势强劲，其中航空航天产业完成产值101.9亿元，同比增长18.8倍；新能源新材料产业完成产值386.2亿元，同比增长31.7%；轻纺工业完成产值1569.1亿元，同比增长13.6%；生物医药产业完成产值209.2亿元，同比增长13.5%。石油化工产业完成产值1736.8亿元，占全市工业的14.8%；电子信息产业完成产值1665.8亿元，占全市工业的14.2%。

（3）吸收外资

2007年，天津市新批外商投资企业906家。全年全市直接利用外资合同金额115.19亿美元，比上年增长42.0%，实际到位52.78亿美元，增长27.8%。开发区、保税区和高科技产业园区利用外资占全市的六成以上。三区合计利用外资合同金额73.49亿美元，实际到位32.08亿美元，分别占全市的63.8%和60.8%。服务业成为外资集聚的重要领域，利用外资合同金额66.83亿美元，增长56.9%，实际到位26.51亿美元，增长83.8%，占全市的比重分别为58.0%和50.2%。截至2007年末，在津投资的世界500强企业累计达到128家。天津市2000—2007年吸收外资总量与增速情况如图4-10所示。

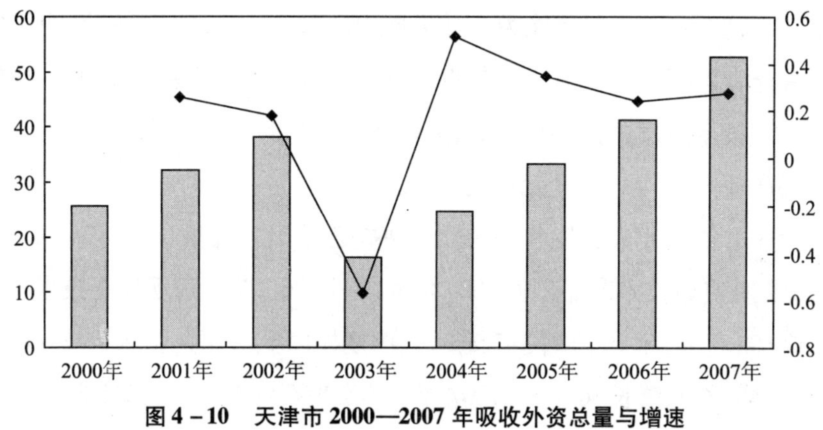


**图 4 - 10　天津市 2000—2007 年吸收外资总量与增速**

2. 大连市

大连位于欧亚大陆东岸，中国东北辽东半岛最南端，西北濒临渤海，东南面向黄海，有大小岛屿 260 个，是中国的副省级城市、计划单列市，也是全国 14 个沿海开放城市之一，是中国辽宁省的一个重要沿海港口城市，省内第二大城市，是中国东北主要的对外门户，也是东北亚重要的国际航运中心、国际物流中心、区域性金融中心。大连市土地面积 12574 平方公里，2007 年末常住人口 608 万人。

(1)总体概况

2007 年全市实现地区生产总值 3131 亿元，同比增长 17.5%，其中，第一产业增加值 247.6 亿元，增长 10.4%；第二产业增加值 1536.5 亿元，增长 20.5%；第三产业增加值 1346.9 亿元，增长 15.5%。三次产业构成比例为 7.9:49.1:43.0，对经济增长的贡献率分别为 4.8%、56.2% 和 39.0%。2007 年实现地方财政一般预算收入 268 亿元，比上年增长 36.6%。

(2)产业发展

大连已形成石化、电子、船舶和现代装备制造四大优势产业。其中，大连石化、西太平洋扩能改造顺利完成，大连炼油能力达到 3000 万吨；瓦轴、大连机床、重工起重、冰山等老国企完成新一轮技术改造，北车大连机车成为世界级机车产业基地，重工起重进入世界风电制造业前十位；船舶重工、中远船务、STX造船能力合计突破1000万吨；电子信息制造业销售收入占全省同行业的61%，占东北三省的50%。同时，数控机床及功能部件关键技术研发占国家制高点，光电子、新能源、生物与医药、节能环保等新兴产业产值均达百亿元规模。

大连市2007年高新技术产业产值2402亿元，比上年增长38.8%，其中规模以上工业高新技术产品产值1800亿元，增长36.1%。实现高新技术产业增加值602亿元，比上年增长43.3%，其中规模以上工业企业高新技术产品增加值445亿元，增长36.1%。2007年全年实现石化工业产值232.5亿元，增长6.2%。现代装备制造业327.9亿元，增长31.1%。船舶制造业88.3亿元，增长43.8%。电子信息产品工业88.4亿元，增长24.3%。

(3)吸收外资

2007年新批准外商投资企业680家，注册外资金额59.5亿美元；其中投资5000万美元以上的大项目40个，注册外资41.2亿美元。实际使用外商直接投资31.6亿美元，比上年增长41%，其中第二产业16.5亿美元，第三产业14.8亿美元，所占比重分别为52.3%和46.8%。新引进世界500强投资项目12个；新批先进制造业项目、高科技项目和现代服务业项目共446家，注册外资44.2亿美元，实际使用外商直接投资22.8亿美元，分别占全年新批总数的65.5%、74.2%和72%。大连市2000—2007年吸收外资总量与增速情况如图4－11所示。

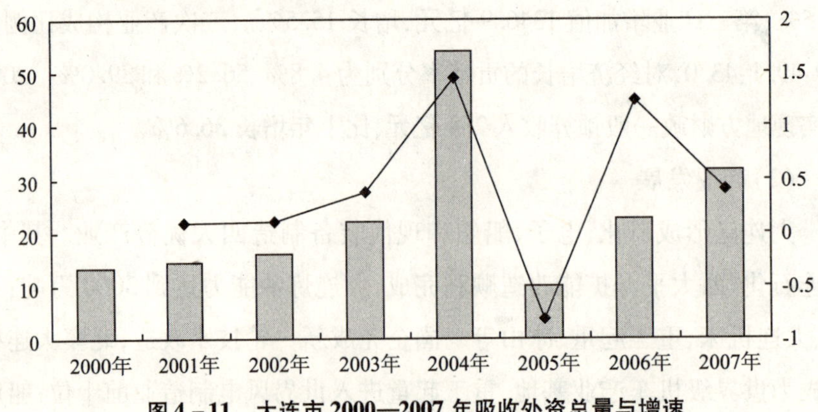


**图4－11　大连市2000—2007年吸收外资总量与增速**

3. 青岛市

青岛位于山东半岛南端、黄海之滨，地处山东半岛东南部，东、南濒临黄海，东北与烟台市毗邻，西与潍坊市相连，西南与日照市接壤。青岛是中国的副省级城市和计划单列市，是中国东部沿海重要的经济、文化中心，国际滨海旅游度假胜地、国家历史文化名城，是国家海洋科研及海洋产业开发中心城市，国家重要的现代化制造业及高新技术产业基地，是东北亚国际航运中心、国际港口、国家重要的区域性航空港，同时也是中国14个沿海开放城市和8个国际会议城市之一。青岛市土地面积11175平方公里，2007年末常住人口758万人。

（1）总体概况

青岛市2007地区生产总值3786.52亿元，增长16%。其中，第一产业增加值203.59亿元，下降2.6%；第二产业增加值1953.55亿元，增长15.7%；第三产业增加值1629.38亿元，增长18.8%。三次产业的比例关系由上年的5.7:52.3:42.0调整为5.4:51.6:43.0。

2007年全市财政总收入实现1070.5亿元，增长38.8%；地方财政一般预算收入292.58亿元，增长29.5%。2007年，全市规模以上固定资产投资1635.4亿元，增长23.3%。在规模以上投资中，第一产业投资24.9亿元，比上年增长2.1%；第二产业投资848.4亿元，增长19.2%；第三产业投资762.1亿元，增长29.1%。

（2）产业发展

青岛经过20余年的改革开放和不断进行的工业产业结构调整，有效地实现了产业的升级更新，实现了发展方式的转变。审视青岛工业发展百年历史，主要以“轻型化”的产业结构为特征。从战略意义上来说，培育汽车、石化、造船、港口等六大产业集群，以重型化为方向推进产业结构调整，是青岛拓展经济增长新空间的必然选择，也是加快工业化进程，实现现代化的必由之路。从国际产业新一轮分工来看，出现了将部分资本密集型的重化工业产业向我国转移的势头。在此情形下，进入21世纪之后，青岛抓住了世界制造业转移的良好机遇，特别是日韩的工业转移，积极发展重化工业，使得重工业占经济的比例在2005年首次超过轻工业。

青岛市坚持大项目—产业链—产业集群—产业基地的发展方向，围绕集群发展统筹规划、科学指导、政策扶持，逐步实现了石化、汽车、造船、港口、家电电子等重点产业的集约化、规模化、科学化发展，产业集群“吸盘”和“雪球”效应日益释放。2007年，六大支柱产业实现增加值2890亿元，占全市总产值的74.6%。全年规模以上工业企业共完成高新技术产业产值3091.92亿元，增长28.66%，占规模以上工业总产值的比重达46.25%。全年旅游总收入达400.3亿元，增长23.1%。

(3)吸收外资

2007年共批准利用外资项目1068个，下降23.6%；外商直接投资达到38.07亿美元，增长4.1%。青岛市2000—2007年吸收外资总量与增速情况如图4-12所示。

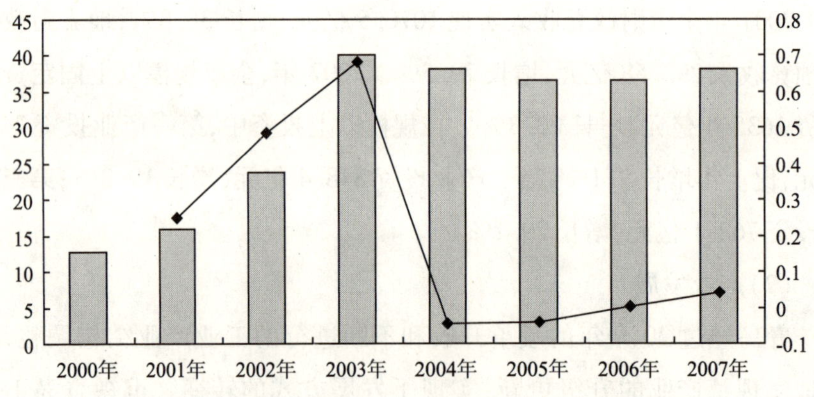


**图4-12　青岛市2000—2007年吸收外资总量与增速**

## 四、中西部地区

按地理位置来分，中西部地区是一个相当宽泛的概念。中部地区包括湖北、湖南、河南、安徽、江西、山西6个相邻省份，地处中国内陆腹地，起着承东启西、接南进北、吸引四面、辐射八方的作用。中部依靠全国10.7%的土地，承载全国28.1%的人口，创造全国19.3%的GDP，是我国的人口大区、经济腹地和重要市场，在中国地域分工中扮演着重要角色。

从中国整体发展的角度考虑，中部就是中国的"腰"，只有"腰板"直了，中国这个巨人才能走得正、走得稳，中国经济才能协调健康发展。从这个意义上来说，加快中部地区发展是提高中国国家竞争力的重大战略举措，是东西融合、南北对接，推动区域经济发展的客观需要。

2006年4月，国务院出台了《关于促进中部地区崛起的若干意见》，出台了36条政策措施，提出要把中部建成全国重要的粮食生产基地、能源原材料基地、现代装备制造及高技术产业基地以及综合交通运输枢纽。

中国西部由西南五省市（四川、云南、贵州、西藏、重庆），西北五省市（陕西、甘肃、青海、新疆、宁夏）和内蒙古、广西、以及湖南的湘西、湖北的恩施两个土家族苗族自治州组成，土地面积538万平方公里，占全国国土面积56%；2007年有人口约2.87亿，占全国人口总数的22.99%。

西部地区疆域辽阔，人口稀少，是我国经济欠发达、需要加强开发的地区。全国尚未实现温饱的贫困人口大部分分布于该地区，它也是我国少数民族聚集的地区。西部地区的自然资源特别丰富，其水能蕴藏总量占全国的82.5%，已开发水能资源占全国的77%，但开发利用尚不足1%。其矿产资源的储量十分可观。依据已探明储量，西部地区的煤炭占全国的36%，石油占12%，天然气占3%。全国已探明的140多种矿产资源中，西部地区就有120多种，一些稀有金属的储量名列全国乃至世界的前茅。该地区的旅游资源得天独厚，秦兵马俑、莫高窟、九寨沟等均位于西部地区。新中国成立50年来，西部地区的工业体系、交通通信、科技教育等都有了较大发展，为进一步开发奠定了较为坚实的基础。

1. 重庆市

重庆市地处中国内陆之西南，位于长江上游，是中国四大中央直辖市之一，中国重要的中心城市，中国国家历史文化名城，中国长江上游地区的经济中心,中国国家重要的现代制造业基地,中国西南地区城乡统筹的特大型城市。重庆市土地面积82010平方公里,2007年末常住人口2816万人。

(1)总体概况

2007年,全年实现地区生产总值4122.51亿元(见图4-13),比上年增长15.6%,全市地方财政收入达到788.56亿元,比上年增长48.9%,其中一般性财政收入442.70亿元,增长39.3%,占地方财政收入的56.1%。全社会固定资产投资3161.51亿元,比上年增长28.9%。城镇建设与改造投资2121.47亿元,比上年增长27.7%。

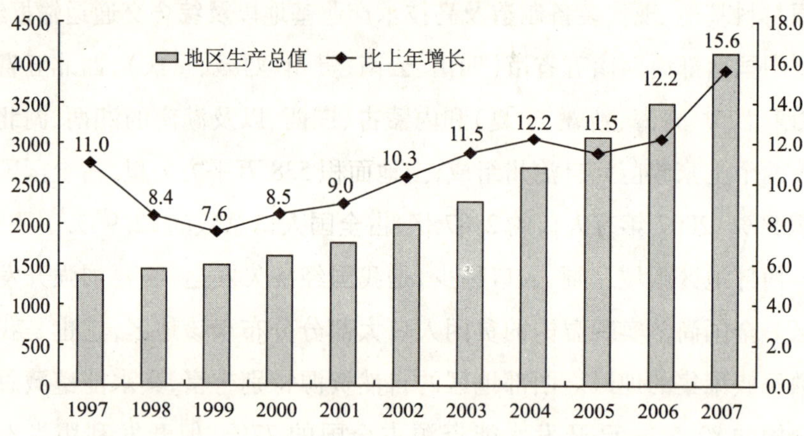


**图4-13　重庆市1997—2007年度地区生产总值**

(2)产业发展

重庆实施"抓大促小"战略,进一步突出重点,抓好若干大产业,构建一个具有系统性、战略性、联动性的重点产业格局。工业领域重点建设汽车摩托车产业、装备制造业、电子信息产业、石油天然气化工产业、新材料产业、清洁能源产业、现代环保产业、生物制药产业、食品工业以及纺织服装产业。现代服务业着力推进6个重点产业:旅游业、现代物流业、房地产业、金融业、文化及创意产业、商务与咨询业。全年工业增加值1514.72亿元(见图4-14),比上年增长22.1%。规模以上工业增加值

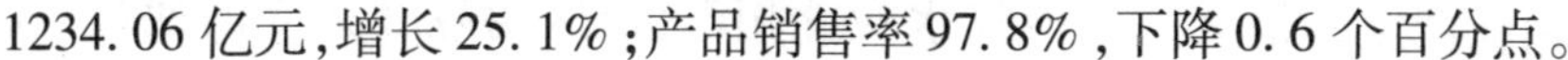
1234.06 亿元，增长 25.1%；产品销售率 97.8%，下降 0.6 个百分点。

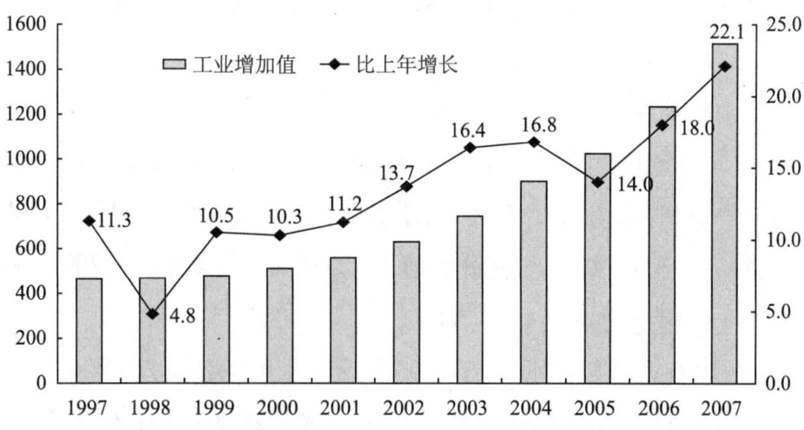


**图 4－14　重庆市 1997—2007 年度工业增加值及其增长率**

(3)吸收外资

2007 年，重庆市外商直接投资项目 240 个，合同金额 40.68 亿美元，比上年增长 264.7%。实际利用外商直接投资金额 10.85 亿美元，增长 56.0%。实际利用内资 430.03 亿元，增长 44.2%。重庆市 2000—2007 年吸收外资总量与增速情况如图 4－15 所示。

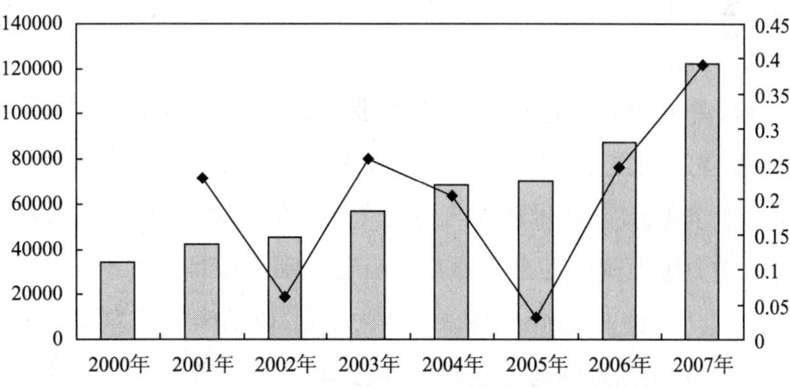


**图 4－15　重庆市 2000—2007 年吸收外资总量与增速**

2. 武汉市

武汉位于中国中部，是湖北省省会和政治、经济及文化中心。世界第三大河长江及其最大的支流汉水在此相汇，市区由隔江鼎立的武昌、汉口、汉阳三部分组成，通称武汉三镇。武汉市土地面积 8494 平方公里，2007 年末常住人口 898 万人。

(1)总体概况

2007 年，全市地区生产总值 3141.50 亿元，比上年增长 15.6%。其中，第一产业增加值 129.15 亿元，增长 3.1%；第二产业增加值 1440.00 亿元，增长 18.3%；第三产业增加值 1572.35 亿元，增长 14.2%。第一、二、三产业的比重为 4.1:45.8:50.1。

2007 年全口径财政收入 634.06 亿元，比上年增长 26.2%。地方财政收入 296.38 亿元，增长 27.8%。地方一般预算收入 221.68 亿元，增长 24.1%。2007 年，全社会固定资产投资 1732.79 亿元，比上年增长 30.7%，增幅同比提高 4.6 个百分点。其中，城镇投资 1687.15 亿元，增长 30.1%，提高 3.4 个百分点。在城镇投资中，第一产业投资 8.93 亿元，比上年增长 23.2%，增幅同比提高 22.7 个百分点；第二产业投资 454.63 亿元，增长 23.7%，提高 2.1 个百分点，其中，制造业投资 425.23 亿元，增长 28.9%，提高 7.8 个百分点；第三产业投资 1223.59 亿元，增长 32.7%，提高 3.6 个百分点。

(2)产业发展

武汉是中国重要的工业基地，行业门类齐全，涉及钢铁、汽车、光通信、机械、石油化工、生物医药、纺织、服装、食品等 33 个行业大类，3 万多家制造业企业，高新技术产业与传统产业同步发展，综合配套能力强，工业综合实力居中国中西部大城市的首位。随着中部崛起战略的实施和"两型社会"建设，武汉市坚持以发展为主题，以结构调整为主线，实施主攻工业战略，全面推动老工业基地改造，加快先进制造业建设，初步建成了适应中心城市功能的现代产业体系，初步形成四大支柱产业、五大产业板块、六大优势产业、六大成长型产业集群和有比较优势的 15 个工业产业链。一是重要产业板块已初步形成。到 2007 年为止，武汉市已初步形成钢铁、汽车及机械、光电子信息、石化四大支柱产业板块和环保、烟草及食品、家电、纺织服装、医药、造纸及包装印刷6个优势产业。二是重点产业集群成长快。东湖开发区激光产业集群、东西湖区食品加工产业集群、新洲区徐古镇蘑菇产业集群、黄陂区佳海服装产业集群、蔡甸区电子产业集群、汉南区包装印务产业集群被湖北省政府列为2008年全省重点成长型产业群。三是全市制造业在空间布局上初步形成了各具特色的"五大"产业板块，即：青山板块（青山地区—阳逻）、经济开发区板块（沌口开发区—汉阳—蔡甸）、高新开发区板块（东湖开发区—洪山—江夏）、东西湖板块、汉正街板块（硚口—江汉—东西湖）。四是初步形成了具有比较优势的15个工业产业链，即：钢材及深加工、汽车及零部件、消费类电子、桥梁与钢结构、石油与化工、现代通讯、半导体、机械与装备、交通运输设备、环保能源与新材料、食品与烟草、医药、家用电器、纺织服装、造纸印刷与包装。2007年这15个产业链的工业总产值均已经突破了100亿。

高新技术产业正成为武汉市新的经济增长点和支柱产业，高新技术优势行业和骨干企业作用明显。2007年武汉市有高新技术企业2140家，全市高新技术产业实现产值1380.12亿元，增长24.26%，产值过亿元的高新技术企业达到123家。高新技术产业主要集中在电子信息、先进制造、生物医药、新材料和环境保护等5个领域，其高新技术产值占全市90%以上，形成了以"武汉—光谷"为龙头，以"两区多园"为支撑的高新技术产业基地和园区，成为推动武汉市经济增长的生力军。2007年光纤光缆生产规模上升到全球第二位，国内市场占有率达50%，国际市场占有率2%；光电器件的国内市场占有率达到40%，国际市场占有率达6%；激光产品的国内市场占有率保持在50%左右，并已开拓国际市场；在环保产业领域，占有全国电厂水处理市场的70%以上份额、国内烟气脱硫市场50%的份额。

（3）吸收外资

2007年实际利用外资22.50亿美元，比上年增长12.4%。引进投资在1000万美元以上的项目52项，增加5项，投资总额21.4亿美元，增长56.2%。累计批准“三资”企业5144家，当年新批196家。世界500强企业在汉投资户数70家，新增5家。武汉市2000—2007年吸收外资总量与增速情况如图4-16所示。

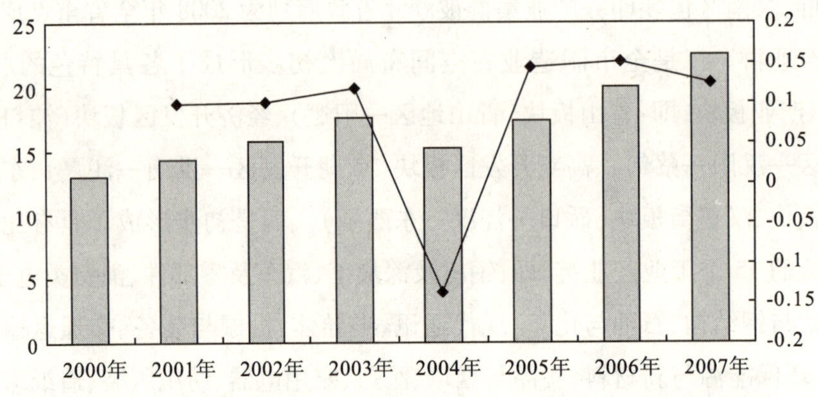


**图4-16 武汉市2000—2007年吸收外资总量与增速**

3. 西安市

西安是陕西省的省会，世界著名的历史文化名城，是我国中西部地区重要的科研、高等教育、国防科技工业和高新技术产业基地，中国15个副省级城市之一，中国七大区域中心城市之一，中国三大文化城市之一，也是西北地区工业、商业、金融中心，黄河流域以及新欧亚大陆桥中国段最大的中心城市。西安市土地面积10108平方公里，2007年末常住人口830万人。

(1)总体概况

2007年西安市地区生产总值1737.10亿元，比上年增长14.6%，增速创11年来新高。其中，第一产业增加值83.17亿元，增长6.7%；第二产业增加值762.51亿元，增长16.0%；第三产业增加值891.42亿元，增长14.2%。第一、第二和第三产业增加值占生产总值的比重分别为4.8%、43.9%和51.3%。按常住人口计算，全市人均生产总值21017元，增长13.0%。2007年，全市地方财政收入125.33亿元，比上年增长

31.3%。一般预算收入112.92亿元,增长31.5%。2007年,全市完成全社会固定资产投资1435.33亿元,比上年增长37.1%。其中,城镇投资1340.59亿元,增长37.9%。在城镇投资中,第一产业投资10.20亿元,增长1.7%;第二产业投资297.53亿元,增长39.4%,其中工业投资286.61亿元,增长38.8%;第三产业投资1032.86亿元,增长38.0%。

(2)产业发展

西安市五大支柱产业(高新技术企业、装备制造业、旅游业、现代服务业、文化产业)发展迅速,对经济增长的拉动作用日益凸现。2007年,全市高新技术产业工业总产值为470亿元,占全市工业总产值的27%;装备制造产业当年实现工业总产值730多亿元,占全市工业总产值的50%。西安围绕建设国际化大都市的战略定位和发展目标,在大力发展支柱产业的同时,加快培育和发展战略性新兴产业,优先培育和重点发展新一代电子信息技术、生物医药、新材料、新能源、节能环保等战略性新兴产业,建设国家重要的科技研发中心和高新技术产业基地。

(3)吸收外资

2007年西安市新批外资项目135个,合同利用外商直接投资14.40亿美元,比上年下降21.1%;实际利用外商直接投资11.16亿美元,增长了35.3%。西安市2000—2007年吸收外资总量与增速情况如图4-17所示。

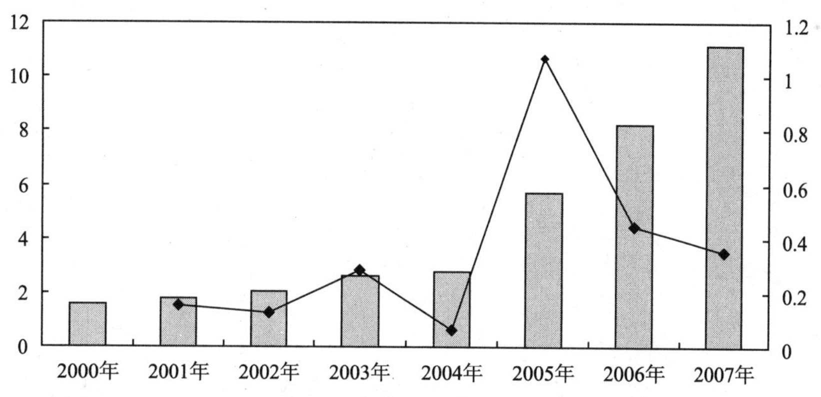


**图4-17　西安市2000—2007年吸收外资总量与增速**

# 第五章 样本城市和区域投资环境的评价

NO. 5

城市投资环境的优劣是吸引外部投资者的重要因素。当今世界，各个地区为了自身的发展都在竭尽所能创造好的投资环境。投资环境的改善首先要以对城市投资环境的评价为基础，而城市投资环境的评价是一个综合、全面的系统过程，在此，本书以上述 12 个城市为样本，分别从客观指标和主观指标两个方面来评价投资环境的优劣，同时也对样本城市的 4 个区域以样本为基础进行投资环境的评价。

## 第一节 城市投资环境客观指标评价

### 一、投资环境客观总体指标

根据上述评价城市投资环境的客观指标体系，在评价城市投资环境的总量指标中选取了 GDP、社会商品零售总额、全社会固定资产投资总额、进出口总额、城乡居民储蓄存款余额、银行贷款余额、城镇居民可支配收入、全国排位前 20 名的高校数等指标。质量指标选取了 R&D 支出占 GDP 的比重、人均 GDP、固定资产投资总额 8 年平均增长率、高新技术产业产值占工业产值比重、工业全员劳动生产率、第三产业增加值占 GDP 比重、财政支出占 GDP 的比重、每万人中高等学校学生数、来自国外的旅游收入增长率、吸引外资增长率、人均公共绿地面积(平方米/人)、人均道路面积(平方米/人)、人均市区居住面积、每万人拥有卫生技术人员数、年末移动电话用户数/人等。流量指标仅选取了实际利用外资额、港口货物吞吐量。具体的样本城市投资环境指标数据如表 5－1,5－2 所示。

由于各项指标具有不同的量纲,因此不能直接进行加总比较,需要对其进行标准化处理。在比较了前人处理方式的基础上,结合本报告样本评价的实际情况,拟选择如下简化处理方法,即采取相对数的方法,这样既剔除了规模的影响,又降低了样本较少的误差,处理方法如下面的公式:

$$U_i = \frac{a_i}{\sum a_i}$$

其中,$U_i$ 为第 $i$ 个指标的标准化分数,$a_i$ 为第 $i$ 个指标的原始值。

在求出每个指标的 $U$ 值以后,分别将 12 个城市的 $U$ 值汇总,然后加以比较并得出最终评价结果。各项指标的标准化结果和汇总如图 5－1 所示。

由下面的数据分析表可以发现,所有的指标汇总并做排名,得分从高到低依次是:上海 3. 380 分,广州 2. 361 分,深圳 2. 256 分,天津 2. 230 分,苏州 2. 168 分,杭州 1. 965 分,武汉 1. 955 分,青岛 1. 842 分,西安 1. 811 分,大连 1. 745 分,东莞 1. 661 分,重庆 1. 625 分。总体来看,除上海得分遥遥领先之外,其他 11 个城市得分相差不是太大。

**表 5－1　样本城市投资环境客观指标数值**

| 2007 年 | | 上海 | 杭州 | 苏州 | 广州 | 深圳 | 东莞 | 天津 | 大连 | 青岛 | 重庆 | 武汉 | 西安 |
|---|---|---|---|---|---|---|---|---|---|---|---|---|---|
| 总量指标 | GDP(亿) | 12189 | 4100 | 5701 | 7150 | 6802 | 3152 | 5050 | 3131 | 3787 | 4123 | 3142 | 1737 |
| | 社会商品零售总额(亿) | 3848 | 1296 | 1250 | 2595 | 1915 | 696 | 1604 | 983 | 1199 | 1661 | 1518 | 922 |
| | 全社会固定资产投资总额(亿) | 4458. 6 | 1684. 1 | 2366. 4 | 1863. 3 | 1345 | 841. 2 | 2389 | 1930. 8 | 1635. 4 | 3162 | 1732. 8 | 1435 |
| | 进出口总额(亿美元) | 2829 | 434 | 2118 | 735 | 2875 | 1069 | 715. 5 | 449 | 457 | 74. 5 | 99. 6 | 53. 6 |
| | 城乡居民储蓄存款余额(亿) | 9326 | 2635 | 2593 | 5576 | 3795 | 2120 | 3165 | 1932 | 1702 | 3228 | 1949 | 1998 |
| | 银行贷款余额(亿) | 21709 | 8431 | 5821 | 9661 | 10121 | 2218 | 6544 | 4063 | 3097 | 5197 | 4415 | 2649 |
| | 全国排位前 20 名的高校数(个) | 2 | 1 | 0 | 1 | 0 | 0 | 2 | 0 | 0 | 0 | 2 | 1 |
| | 城镇居民可支配收入(元) | 23623 | 21689 | 21260 | 22469 | 24870 | 27025 | 16357 | 15109 | 17856 | 13715 | 14358 | 12662 |
| 质量指标 | R&D 支出占 GDP 的比重(万分之一) | 252 | 236 | 169 | 187 | 333 | 75 | 229 | 200 | 218 | 114 | 215 | 425 |
| | 每万人中高等学校学生数 | 352 | 584 | 267 | 488 | 91 | 36 | 339 | 361 | 349 | 158 | 940 | 817 |
| | 人均 GDP(元/人) | 66367 | 61258 | 67387 | 71808 | 79645 | 46027 | 46122 | 51630 | 45399 | 14622 | 35500 | 21339 |
| | 固定资产投资总额 8 年平均增长率 | 13. 19 | 19. 39 | 24. 28 | 9. 87 | 11. 7 | 34. 99 | 21. 55 | 28. 3 | 26. 94 | 25. 2 | 20. 8 | 29. 7 |
| | 第三产业增加值占 GDP 比重(%) | 52. 58 | 45. 8 | 34. 56 | 58. 41 | 49. 84 | 42. 8 | 40. 5 | 43 | 43. 03 | 42. 4 | 50 | 51. 5 |
| | 高新技术产业产值占工业产值比重 | 25. 6 | 30 | 27. 5 | 30. 50 | 32. 3 | 23. 29 | 26. 89 | 36. 04 | 46. 24 | 25 | 39. 6 | 36. 5 |
| | 工业全员劳动生产率(元/人) | 125792 | 83846 | 133458 | 156811 | 130144 | 67871 | 112978 | 133441 | 86615 | 105000 | 148000 | 129700 |
| | 财政支出占 GDP 比重(%) | 18. 14 | 8. 2 | 10. 71 | 11. 96 | 10. 7 | 5. 88 | 16. 62 | 8. 9 | 9. 77 | 26. 7 | 12. 34 | 9. 87 |
| | 来自国外的旅游收入增长率(%) | 19. 59 | 23. 1 | 18. 88 | 14. 09 | 10. 7 | 28. 7 | 24. 41 | 24. 95 | 21. 55 | 23. 8 | 17. 2 | 16. 3 |
| | 吸引外资 10 年平均增长率(%) | 13. 99 | 24. 69 | 13. 85 | 15. 43 | 9. 2 | 16. 26 | 13. 7 | 12. 1 | 12. 9 | 12. 4 | 8. 8 | 26. 3 |

续表

| 2007年 | | 上海 | 杭州 | 苏州 | 广州 | 深圳 | 东莞 | 天津 | 大连 | 青岛 | 重庆 | 武汉 | 西安 |
|---|---|---|---|---|---|---|---|---|---|---|---|---|---|
| 质量指标 | 人均公共绿地面积(平方米) | 12.01 | 8.31 | 14 | 12.62 | 16.1 | 15.02 | 7.8 | 11.1 | 13.3 | 6.97 | 9.32 | 7.61 |
| | 人均道路面积(平方米) | 16.38 | 10.38 | 18.9 | 9.76 | 9.66 | 9.77 | 11.94 | 8.95 | 19.6 | 8.42 | 9.55 | 12.65 |
| | 每万人拥有卫生技术人员数 | 89 | 59 | 67 | 76 | 54 | 41 | 57 | 56 | 46 | 30 | 65 | 53 |
| | 人均市区居住面积(平方米) | 16.5 | 24.3 | 36.34 | 19.9 | 29.6 | 57.38 | 27.09 | 22.1 | 20.3 | 31.67 | 28.25 | 25.8 |
| | 每百户城市居民拥有移动电话数 | 217 | 187 | 138 | 253 | 213 | 272 | 130 | 175 | 194 | 192 | 147 | 162 |
| 流量指标 | 实际利用外资额(亿美元) | 79.2 | 28.02 | 71.65 | 34.11 | 36.6 | 21.17 | 64.6 | 31.63 | 38.07 | 12.2 | 22.5 | 11.2 |
| | 港口吞吐量(万吨) | 56145 | 7908 | 18400 | 34000 | 19919 | 2017 | 30946 | 22000 | 26500 | 6434 | 5478 | 0 |

**表 5－2　各城市投资环境客观指标得分值**

| | | 上海 | 杭州 | 苏州 | 广州 | 深圳 | 东莞 | 天津 | 大连 | 青岛 | 重庆 | 武汉 | 西安 |
|---|---|---|---|---|---|---|---|---|---|---|---|---|---|
| 总量指标 | GDP | 0.203 | 0.068 | 0.095 | 0.119 | 0.113 | 0.052 | 0.084 | 0.052 | 0.063 | 0.069 | 0.052 | 0.029 |
| | 社会商品零售总额 | 0.197 | 0.067 | 0.064 | 0.133 | 0.098 | 0.036 | 0.082 | 0.050 | 0.062 | 0.085 | 0.078 | 0.047 |
| | 全社会固定资产投资总额 | 0.179 | 0.068 | 0.095 | 0.075 | 0.054 | 0.034 | 0.096 | 0.078 | 0.066 | 0.127 | 0.070 | 0.058 |
| | 进出口总额 | 0.238 | 0.036 | 0.178 | 0.062 | 0.241 | 0.090 | 0.060 | 0.038 | 0.038 | 0.006 | 0.008 | 0.005 |
| | 城乡居民储蓄存款余额 | 0.233 | 0.066 | 0.065 | 0.139 | 0.095 | 0.053 | 0.079 | 0.048 | 0.043 | 0.081 | 0.049 | 0.050 |
| | 银行贷款余额 | 0.259 | 0.100 | 0.069 | 0.115 | 0.121 | 0.026 | 0.078 | 0.048 | 0.037 | 0.062 | 0.053 | 0.032 |
| | 全国排位前 20 名的高校 | 0.222 | 0.111 | 0.000 | 0.111 | 0.000 | 0.000 | 0.222 | 0.000 | 0.000 | 0.000 | 0.222 | 0.111 |
| | 城镇居民可支配收入 | 0.102 | 0.094 | 0.092 | 0.097 | 0.108 | 0.117 | 0.071 | 0.065 | 0.077 | 0.059 | 0.062 | 0.055 |
| 总量指标汇总 | | 1.634 | 0.610 | 0.658 | 0.852 | 0.830 | 0.408 | 0.773 | 0.380 | 0.386 | 0.489 | 0.594 | 0.386 |
| 质量指标 | R&D 支出占 GDP 的比重 | 0.095 | 0.089 | 0.064 | 0.070 | 0.126 | 0.028 | 0.086 | 0.075 | 0.082 | 0.043 | 0.081 | 0.160 |
| | 每万人中高等学校学生数 | 0.074 | 0.122 | 0.056 | 0.102 | 0.019 | 0.008 | 0.071 | 0.076 | 0.073 | 0.033 | 0.197 | 0.171 |
| | 人均 GDP | 0.109 | 0.101 | 0.111 | 0.118 | 0.131 | 0.076 | 0.076 | 0.085 | 0.075 | 0.024 | 0.058 | 0.035 |
| | 固定资产投资总额 8 年平均增长率 | 0.050 | 0.073 | 0.091 | 0.037 | 0.044 | 0.132 | 0.081 | 0.106 | 0.101 | 0.095 | 0.078 | 0.112 |
| | 第三产业增加值占 GDP 比重 | 0.095 | 0.083 | 0.062 | 0.105 | 0.090 | 0.077 | 0.073 | 0.078 | 0.078 | 0.076 | 0.090 | 0.093 |
| | 高新技术产业产值占工业产值比重 | 0.068 | 0.079 | 0.073 | 0.080 | 0.085 | 0.061 | 0.071 | 0.095 | 0.122 | 0.066 | 0.104 | 0.096 |
| | 工业全员劳动生产率 | 0.089 | 0.059 | 0.094 | 0.111 | 0.092 | 0.048 | 0.080 | 0.094 | 0.061 | 0.074 | 0.105 | 0.092 |
| | 财政支出占 GDP 比 | 0.121 | 0.055 | 0.072 | 0.080 | 0.071 | 0.039 | 0.111 | 0.059 | 0.065 | 0.178 | 0.082 | 0.066 |
| | 来自国外的旅游收入增长率 | 0.076 | 0.089 | 0.073 | 0.054 | 0.103 | 0.111 | 0.094 | 0.096 | 0.083 | 0.092 | 0.066 | 0.063 |

续表

| | | 上海 | 杭州 | 苏州 | 广州 | 深圳 | 东莞 | 天津 | 大连 | 青岛 | 重庆 | 武汉 | 西安 |
|---|---|---|---|---|---|---|---|---|---|---|---|---|---|
| 质量指标 | 吸引外资10年平均增长率 | 0.078 | 0.137 | 0.077 | 0.086 | 0.051 | 0.091 | 0.076 | 0.067 | 0.072 | 0.069 | 0.049 | 0.146 |
| | 人均公共绿地面积 | 0.090 | 0.062 | 0.104 | 0.094 | 0.120 | 0.112 | 0.058 | 0.083 | 0.099 | 0.052 | 0.069 | 0.057 |
| | 人均道路面积 | 0.112 | 0.071 | 0.129 | 0.067 | 0.066 | 0.067 | 0.082 | 0.061 | 0.134 | 0.058 | 0.065 | 0.087 |
| | 每万人拥有卫生技术人员数 | 0.128 | 0.084 | 0.097 | 0.110 | 0.078 | 0.060 | 0.083 | 0.081 | 0.067 | 0.043 | 0.094 | 0.076 |
| | 人均市区居住面积 | 0.049 | 0.072 | 0.107 | 0.059 | 0.087 | 0.169 | 0.080 | 0.065 | 0.060 | 0.093 | 0.083 | 0.076 |
| | 每百户城市居民拥有移动电话数 | 0.095 | 0.082 | 0.061 | 0.111 | 0.093 | 0.119 | 0.057 | 0.077 | 0.085 | 0.084 | 0.064 | 0.071 |
| 质量指标汇总 | | 1.327 | 1.258 | 1.271 | 1.285 | 1.258 | 1.197 | 1.179 | 1.199 | 1.257 | 1.081 | 1.288 | 1.400 |
| 流量指标 | 实际利用外资额 | 0.176 | 0.062 | 0.159 | 0.076 | 0.081 | 0.047 | 0.143 | 0.070 | 0.084 | 0.027 | 0.050 | 0.025 |
| | 港口吞吐量 | 0.241 | 0.034 | 0.079 | 0.159 | 0.086 | 0.009 | 0.133 | 0.095 | 0.114 | 0.028 | 0.024 | 0.000 |
| 流量指标汇总 | | 0.420 | 0.097 | 0.239 | 0.224 | 0.168 | 0.056 | 0.278 | 0.166 | 0.200 | 0.055 | 0.074 | 0.025 |
| 总体评分 | | 3.380 | 1.965 | 2.168 | 2.361 | 2.256 | 1.661 | 2.230 | 1.745 | 1.842 | 1.625 | 1.955 | 1.811 |

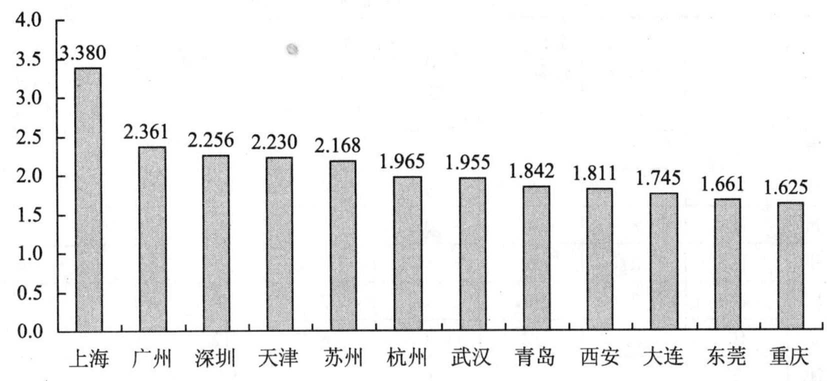


**图 5－1　客观指标排名总体情况**

综合指标是由总量指标、质量指标、流量指标三部分组成，以下就从这 3 个方面加以具体描述。

## 二、投资环境客观总量指标

从总量指标来看，上海保持经济总量的绝对领先地位，以 1.634 分高居榜首（见图 5－2）。西安、青岛、大连得分相近，占据末三位，究其原因主要是商贸体系尚不发达，社会零售品总额低，城乡居民储蓄存款余额也明显低于其他区域，还有重要原因是缺乏知名的高等学校，没有一所学校跻身全国 20 强。各城市总量指标排名情况如表 5－3 所示。

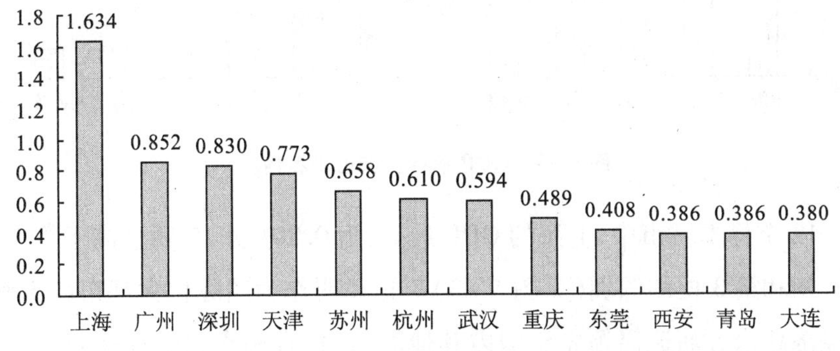


**图 5－2　客观指标中总量指标排名情况**

表5-3 各城市总量指标排名情况

| | GDP | 社会商品零售总额 | 全社会固定资产投资总额 | 进出口总额 | 城乡居民储蓄存款余额 | 银行贷款余额 | 全国排位前20名的高校数 | 城镇居民可支配收入 |
|---|---|---|---|---|---|---|---|---|
| 上海 | 1 | 1 | 1 | 2 | 1 | 1 | 1 | 3 |
| 杭州 | 7 | 7 | 8 | 9 | 6 | 4 | 4 | 5 |
| 苏州 | 4 | 8 | 4 | 3 | 7 | 6 | 7 | 6 |
| 广州 | 2 | 2 | 6 | 5 | 2 | 3 | 4 | 4 |
| 深圳 | 3 | 3 | 11 | 1 | 3 | 2 | 7 | 2 |
| 东莞 | 10 | 12 | 12 | 4 | 8 | 12 | 7 | 1 |
| 天津 | 5 | 5 | 3 | 6 | 5 | 5 | 1 | 9 |
| 大连 | 8 | 10 | 5 | 8 | 11 | 9 | 7 | 8 |
| 青岛 | 9 | 9 | 9 | 7 | 12 | 10 | 7 | 7 |
| 重庆 | 6 | 4 | 2 | 11 | 4 | 7 | 7 | 11 |
| 武汉 | 11 | 6 | 7 | 10 | 10 | 8 | 1 | 10 |
| 西安 | 12 | 11 | 10 | 12 | 9 | 11 | 4 | 12 |

(一)城市客观指标分析

1. GDP指标

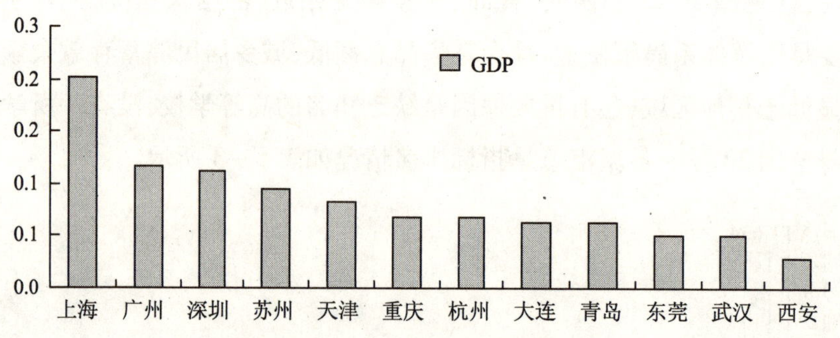


图5-3 GDP指标各城市排名情况

12个样本城市中,上海的GDP最高,为0.201分,且明显高于第2位的广州和第3位的深圳(见图5-3)。这说明作为国际化大都市的上海,在经济总量方面遥遥领先于国内其他城市,具有相当强的规模效应。武汉、西安等中西部城市位居末两位,可见总体来看,中西部地区经济还是明显落后于东部地区。

2. 全社会固定资产投资指标

12 个样本城市中,上海的固定资产投资额最高,其次为重庆和天津(见图 5 –4),而珠三角的广州、深圳和东莞都比较靠后,而且深圳和东莞位列末两位。这从一个角度说明,珠三角和长三角、环渤海以及中西部地区的模式不太一样,在得出珠三角地区投资拉动效应不足的同时,也可以看出珠三角地区没有过度依靠投资拉动经济,作为出口导向型的发展模式,外贸在经济发展中发挥着重要作用。

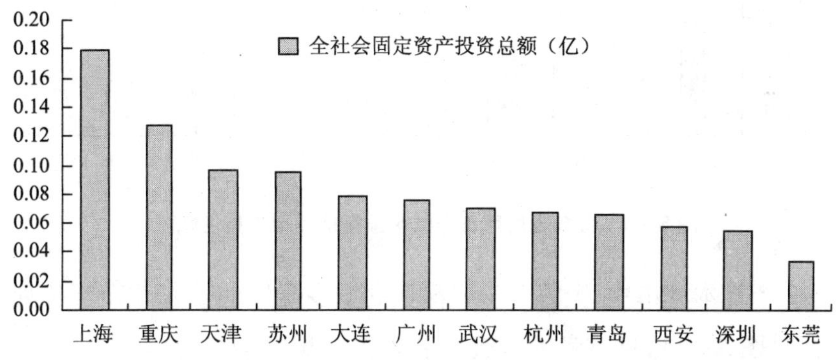


**图 5 –4　全社会固定资产投资指标各城市排名情况**

3. 社会商品零售总额指标

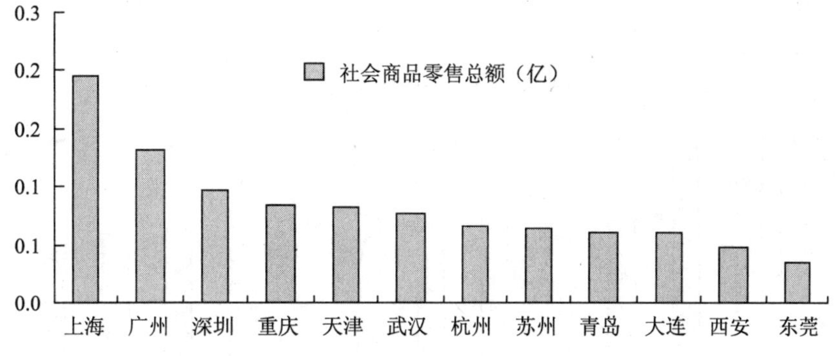


**图 5 –5　社会商品零售总额指标各城市排名情况**

12个样本城市中，上海、广州、深圳的社会商品零售总额位列前三位（见图5-5），这说明这些城市的经济比较活跃，居民消费能力较强，消费对经济增长的拉动效应较大，而大连、西安、东莞三市的社会商品零售总额相对较低，消费发挥作用不够。

4. 城乡居民储蓄存款余额指标

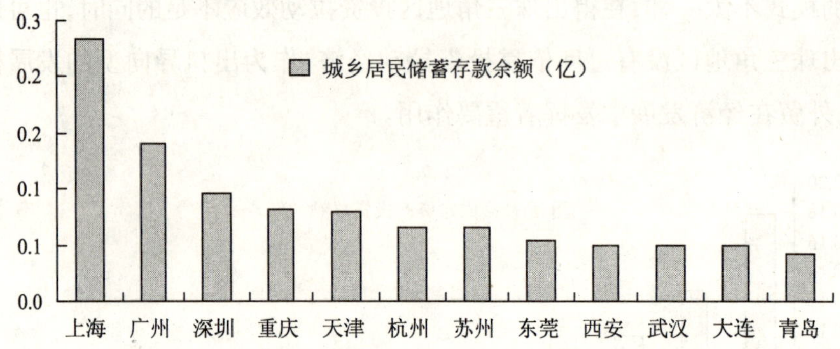


**图5-6　城乡居民储蓄存款余额指标各城市排名情况**

12个样本城市中，上海、广州、深圳的城乡居民储蓄存款余额位列前三位（见图5-6），且三者的社会商品零售总额也最高，这与三市经济总量水平是分不开的。环渤海及中西部地区的城乡居民存款余额偏低，说明其整体居民收入也较低。

5. 城镇居民可支配收入指标

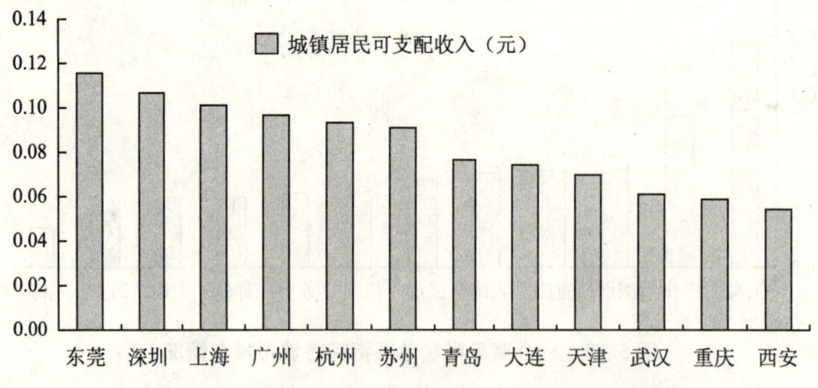


**图5-7　城镇居民可支配收入指标各城市排名情况**

城镇居民可支配收入指标中，各区域差别明显，排名前六位城市均来自珠三角和长三角地区（见图 5－7），排名末六位城市均来自环渤海和中西部，可见前两个地区的整体居民收入水平高于后两个地区。

6. 进出口贸易总额指标

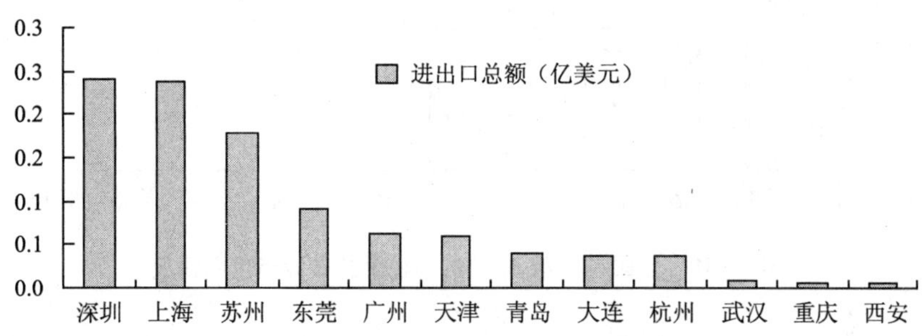


**图 5－8　进出口贸易总额指标各城市排名情况**

进出口总额跟各城市有无港口以及其区位有直接关系，深圳、上海、苏州的进出口贸易较为发达，而内陆城市武汉、重庆、西安则相对较为不足。进出口贸易总额指标各城市排名情况如图 5－8 所示。

7. 银行贷款余额指标

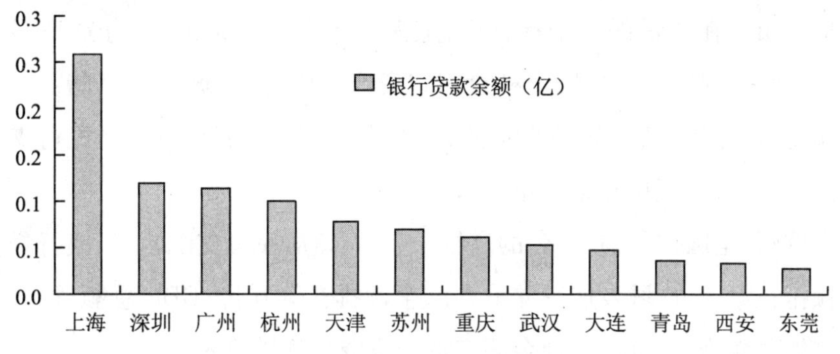


**图 5－9　银行贷款余额指标各城市排名情况**

银行贷款指标中，上海仍居第 1 位（见图 5－9），深圳、广州、杭州居第二梯队，且与上海都有较大差距。可见，上海的金融中心地位十分牢固。从整体来看，中西部的金融能力较弱。

8. 全国排名前20位的高校个数

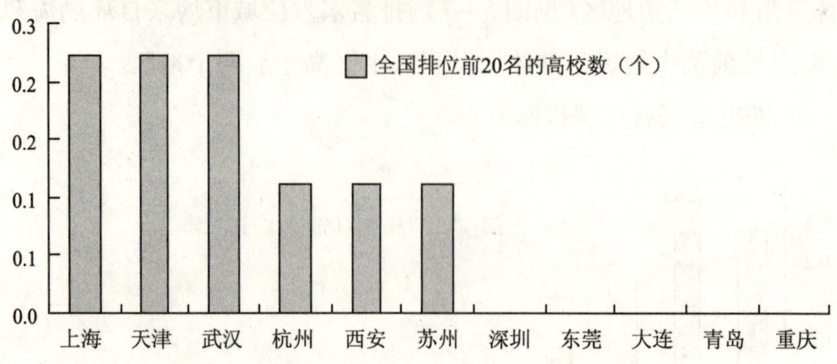


**图5-10　全国排名前20位的高校个数各城市排名情况**

高校是教育的一个重要方面，在我国高校的分布也极不均衡（见图5-10）。上海、天津、武汉的高校较多，整体素质也较高，而苏州、深圳、东莞、大连、青岛、重庆都没有一所大学入围全国前20名。

（二）区域客观指标分析

1. 长三角地区

上海：上海是长三角的龙头城市，总量指标排名第一，且遥遥领先于其他城市。在总量的8个指标中，上海有6个排在第1位，分别是GDP总量、社会商品零售总额、全社会固定资产投资总额、城乡居民储蓄存款余额、银行贷款余额、全国排位前20名高校个数。另外，城镇居民可支配收入、进出口总额排在第3位。

杭州：全国排位前20名的高校个数、城镇居民可支配收入、银行贷款余额排在第4位、城乡居民储蓄存款余额排在第6位；GDP总额、社会商品零售总额排第7位；全社会固定资产投资总额排第8位。

苏州：苏州在GDP中排名相对最高，居第4位；全社会固定资产投资额、城进出口总额排在第5位；镇居民可支配收入、银行贷款余额排第6位；城乡居民储蓄存款余额排第7位；社会商品零售总额排第8位；排名前20名的高校个数为0，并列最后一位。

2. 珠三角地区

广州:GDP 总量、社会商品零售总额、城乡居民储蓄存款余额排第 2 位;银行贷款余额排第 3 位;城镇居民可支配收入、前 20 名高校个数并列第 4 位;全社会固定资产投资额排第 5 位;进出口总额排第 6 位。

深圳:进出口总额排第 1 位、银行贷款余额、城镇居民可支配收入排第 2 位;GDP、社会商品零售总额、城乡居民储蓄存款余额排第 3 位;全国排位前 20 名的高校个数为 0,并列第 7 位;全社会固定资产投资总额排第 11 位。

东莞:城镇居民可支配收入排名第 1 位;进出口总额排第 6 位;全国排位前 20 名的高校个数为 0,并列第 7 位;城乡居民储蓄存款余额排第 8 位;GDP 总额排第 10 位;社会商品零售总额、全社会固定资产投资总额、银行贷款余额均排在末位。

3. 环渤海地区

天津:全国排名前 20 位的高校两个(南开大学,天津大学),并列第 1 位;全社会固定资产投资总额、进出口总额排第 4 位;GDP 总额、社会商品零售总额、城乡居民储蓄存款余额、银行贷款余额排第 5 位;城镇居民可支配收入排第 9 位。

大连:全社会固定资产投资总额排第 3 位;全国排位前 20 名的高校个数为 0,并列第 7 位;城镇居民可支配收入、GDP 总额排第 8 位;进出口总额、银行贷款余额、排第 9 位;社会商品零售总额居第 10 位;城乡居民储蓄存款余额排第 11 位。

青岛:全国排位前 20 名的高校个数、城镇居民可支配收入排第 7 位;进出口总额排第 8 位;GDP 总额、社会商品零售总额、全社会固定资产投资总额排第 9 位;银行贷款余额排第 10 位;城乡居民储蓄存款余额排末位。

4. 中西部地区

重庆:全社会固定资产投资总额排第 2 位;城乡居民储蓄存款余额、

社会商品零售总额排第4位;GDP总额排第6位;全国排位前20名的高校个数、银行贷款余额排第7位;城镇居民可支配收入、进口额总额排第11位。

武汉:全国排名前20位的高校2个(武汉大学,华中科技大学),并列第1位;社会商品零售总额排第6位;全社会固定资产投资总额排第7位;银行贷款余额排第8位;进出口总额、城镇居民可支配收入、城乡居民储蓄存款余额排第10位;GDP总额排第11位。

西安:全国排名前20位的高校1个(西安交通大学),并列第4位;城乡居民储蓄存款余额排第9位;全社会固定资产投资总额排第10位;社会商品零售总额、银行贷款余额排第11位;GDP总额、进口总额、城镇居民可支配收入排末位。

## 三、投资环境客观质量指标

从投资环境客观质量指标来,共计15个二级指标(见表5-4),从综合得分来看,12个城市间差距并不明显。最高的为西安1.400分,最低的为重庆1.081分(见图5-11)。

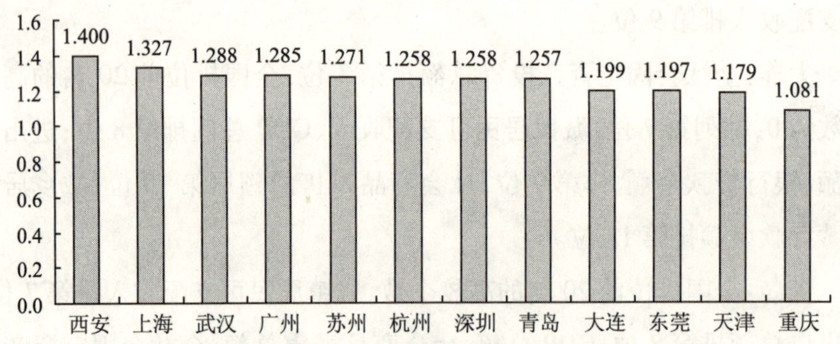


**图5-11　各城市质量指标排名情况**

**表 5－4　各城市质量指标排名情况**

| | R&D 支出占 GDP 的比重 | 每万人中高等学校学生数 | 人均 GDP | 固定资产投资总额 8 年平均增长率 | 第三产业增加值占 GDP 比重 | 高新技术产业产值占工业产值比重 | 工业全员劳动生产率 | 财政支出占 GDP 比重 | 来自国外的旅游收入增长率 | 吸引外资 10 年平均增长率 | 人均公共绿地面积 | 人均道路面积 | 每万人拥有卫生技术人数 | 每百人拥有彩电数 | 人均市区居住面积 | 每百户城市居民拥有移动电话数 |
|---|---|---|---|---|---|---|---|---|---|---|---|---|---|---|---|---|
| 上海 | 3 | 6 | 4 | 10 | 2 | 10 | 6 | 2 | 7 | 5 | 6 | 3 | 1 | 3 | 12 | 3 |
| 杭州 | 4 | 3 | 5 | 9 | 6 | 7 | 11 | 11 | 5 | 2 | 9 | 6 | 5 | 4 | 8 | 7 |
| 苏州 | 10 | 9 | 3 | 6 | 12 | 8 | 3 | 6 | 8 | 6 | 3 | 2 | 3 | 2 | 2 | 11 |
| 广州 | 9 | 4 | 2 | 12 | 1 | 2 | 1 | 5 | 11 | 4 | 5 | 8 | 2 | 5 | 11 | 2 |
| 深圳 | 2 | 11 | 1 | 11 | 5 | 6 | 8 | 7 | 12 | 11 | 1 | 9 | 8 | 9 | 4 | 4 |
| 东莞 | 12 | 12 | 8 | 1 | 9 | 12 | 12 | 12 | 1 | 3 | 2 | 7 | 11 | 1 | 1 | 1 |
| 天津 | 5 | 8 | 7 | 7 | 11 | 9 | 7 | 3 | 3 | 7 | 10 | 5 | 6 | 11 | 6 | 12 |
| 大连 | 8 | 5 | 6 | 3 | 8 | 5 | 4 | 10 | 2 | 10 | 7 | 11 | 7 | 10 | 9 | 8 |
| 青岛 | 6 | 7 | 9 | 4 | 7 | 1 | 10 | 9 | 6 | 8 | 4 | 1 | 10 | 12 | 10 | 5 |
| 重庆 | 11 | 10 | 12 | 5 | 10 | 11 | 9 | 1 | 4 | 9 | 12 | 12 | 12 | 6 | 3 | 6 |
| 武汉 | 7 | 1 | 10 | 8 | 4 | 3 | 2 | 4 | 9 | 12 | 8 | 10 | 4 | 7 | 5 | 10 |
| 西安 | 1 | 2 | 11 | 2 | 3 | 4 | 5 | 8 | 10 | 1 | 11 | 4 | 9 | 8 | 7 | 9 |

1. R&D 支出占 GDP 的比重

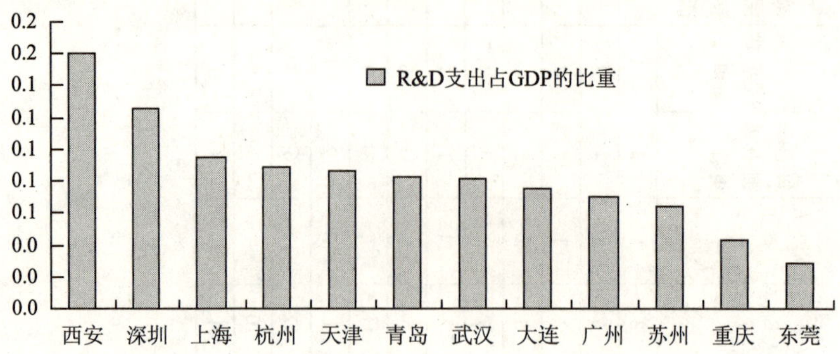


**图 5－12 R&D 支出占 GDP 比重指标排名情况**

研发投入占 GDP 的比重是衡量一个地区创新能力的重要体现,西安此项排名高居榜首(见图 5－12),这跟国家级的高新开发区有关。其次为深圳和上海。东莞排名最为靠后,这与其外向型经济很大程度依赖于初级加工等形式有关,多数企业处于产业链低端的加工环节,创新意识不够。

2. 每万人中高等学校学生数

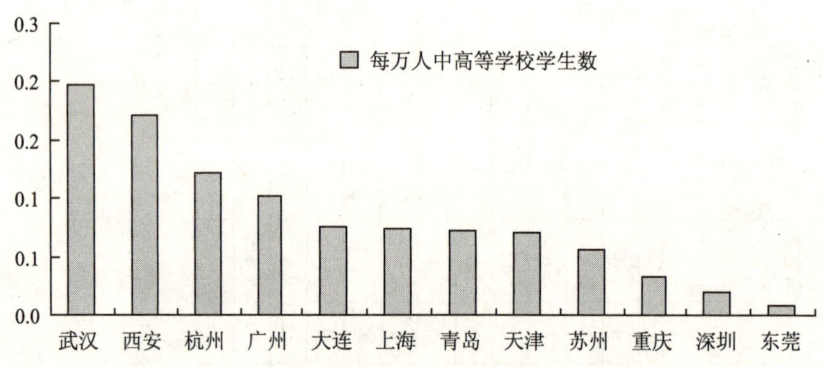


**图 5－13 每万人中高等学校学生数指标排名情况**

武汉的万人高等学校学生数最多(见图 5－13),这与其众多的高校密不可分,但是实际上,人才流失也很严重,真正在武汉创业的很少,很多毕业生流向了沿海等发达地区。深圳和东莞尽管能够吸引一部分大学生来就业,但由于本地高校数量不足,万人高等学校学生数还是较少。

3. 人均 GDP 水平

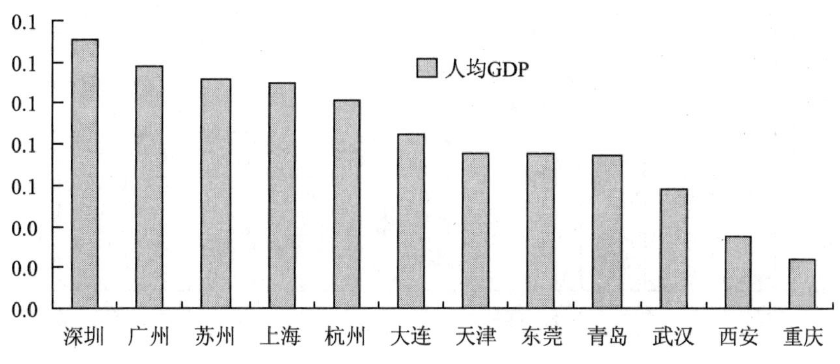


**图 5 – 14　人均 GDP 指标排名情况**

从人均 GDP 水平来看,深圳、广州、苏州排前三位(见图 5 – 14)。从整体来看,珠三角和长三角的人均 GDP 水平明显高于中西部和环渤海地区,其中中西部地区相对最低。

4. 固定资产投资 8 年平均增长率

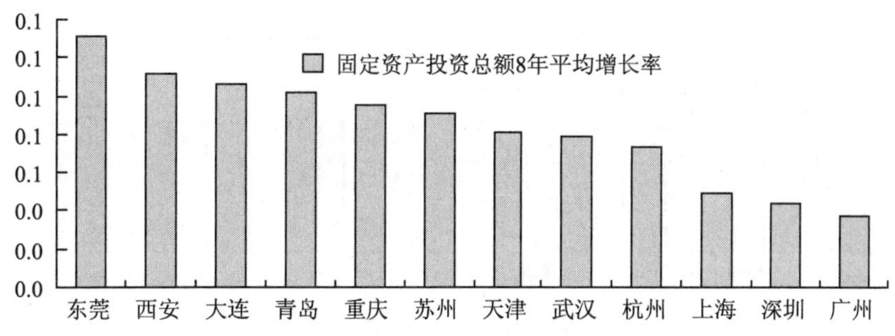


**图 5 – 15　固定资产投资增速指标排名情况**

东莞、西安等地虽然固定资产投资总量不高,但近年来增速较快(见图 5 – 15)。深圳和广州近年来固定资产投资增长率排名末两位,可见,固定资产投资增长较慢,对 GDP 的拉动作用也有限。

5. 高新技术产业产值占工业产值比重

青岛、武汉、西安的高新技术产业产值占工业产值的比重最高(见图

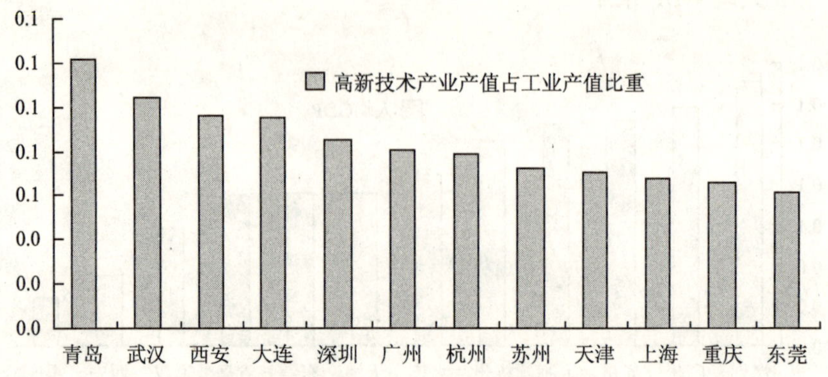


**图 5－16　高新技术产业产值占工业产值比重指标排名情况**

5－16)，可见高新技术产业在国民经济中的地位最为突出，发挥的效力也最大。东莞的高新技术产业产值占工业产值比重最低，这与其加工制造业总体技术含量不高有关。

6. 第三产业增加值占 GDP 比重

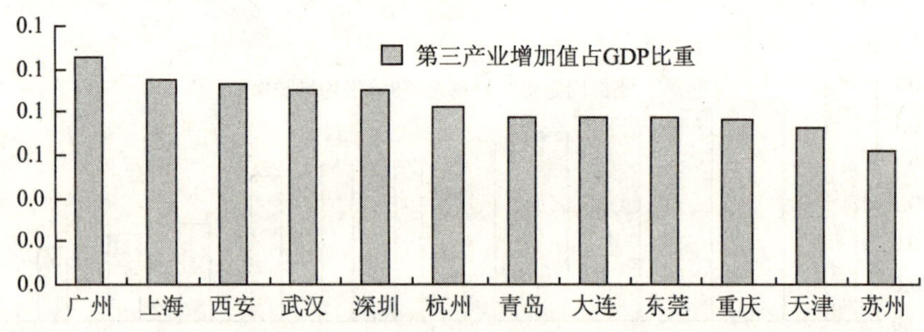


**图 5－17　第三产业增加值占 GDP 比重指标排名情况**

第三产业增加值占 GDP 的比重是产业结构优化程度的一个重要体现，因为所选样本城市都是各区域经济发展水平较高的城市，因此，其整体水平都高于全国平均水平，且相差也不大。其中广州、上海、西安居前三位（见图 5－17）。

7. 财政支出占 GDP 比重

财政支出占 GDP 的比重最高的为重庆，其次是上海和天津（见图

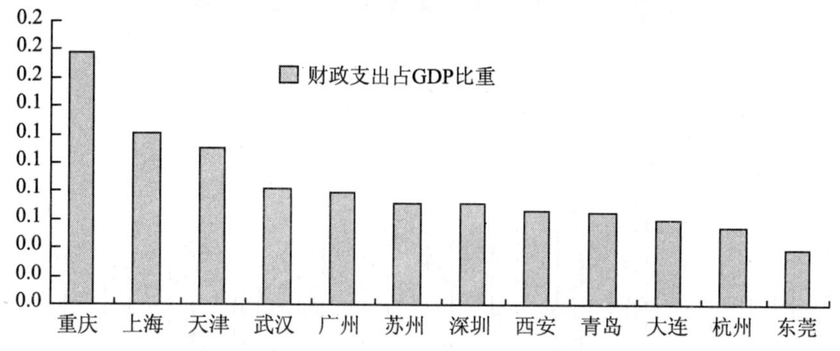


**图 5－18　财政支出占 GDP 比重指标排名情况**

5－18），这些地区政府在经济发展中扮演很重要的角色，尤其重庆作为直辖市得到中央政府较大的财政转移支付，而大连、杭州、东莞则比较低，政府支出在 GDP 中的贡献并不大。

8. 来自国外的旅游收入增长率

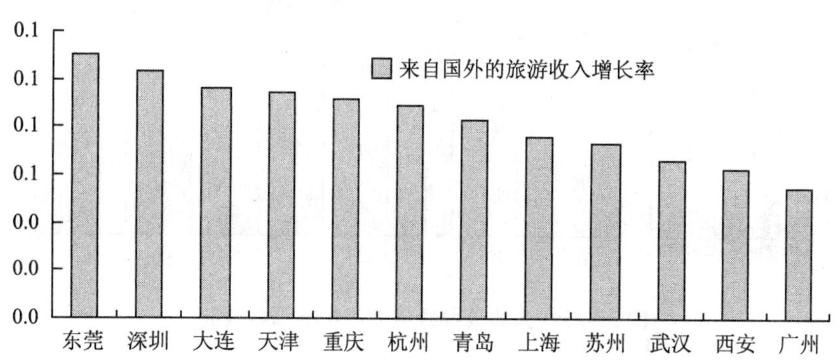


**图 5－19　来自国外的旅游收入增长率指标排名情况**

东莞、深圳、大连三市的境外旅游收入增长率高居前列（见图 5－19），能够吸引更多的境外游客，而武汉、西安、广州的境外旅游收入增长不高，对境外游客的吸引力有所弱化。

9. 吸引外资 10 年平均增长率

西安、杭州、东莞三市的外资平均增长率居前三位（见图 5－20），可见这些地区加大了对外资的吸引力度，引进外资保持了较高的增长，而武汉、深圳的外资近年增长缓慢，对外资的吸引力趋于减弱。

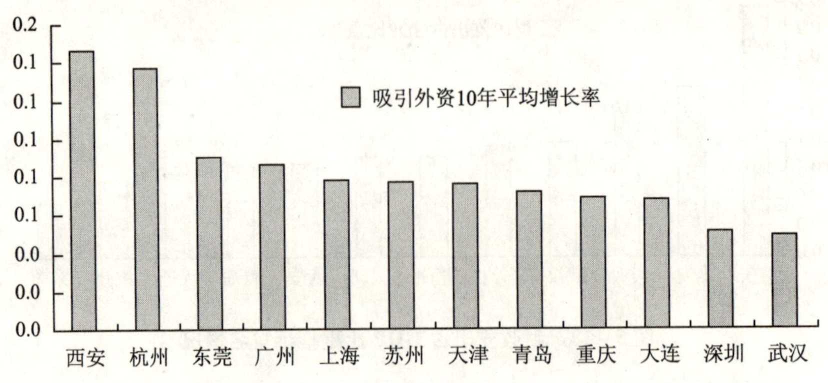


**图 5－20　吸引外资 10 年平均增长率指标排名情况**

10. 人均公共绿地面积

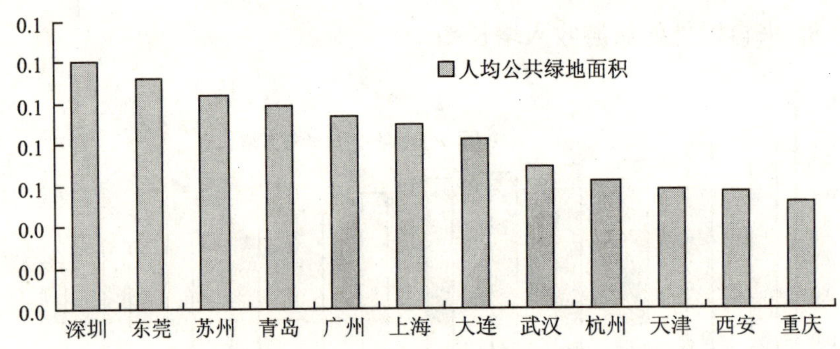


**图 5－21　人均公共绿地面积指标排名情况**

深圳、东莞、苏州三市的人均公共绿地面积高居前位（见图 5－21），可见这些东部地区城市的绿化程度较高，更为注重城市的绿化环境质量，而西安、重庆等中西部地区较为落后。

11. 人均道路面积

青岛、苏州、上海三市的人均道路面积高居前列（见图 5－22），从一个方面反映出这些地区的交通基础设施条件较好，而武汉、重庆等中西部地区指标排名较为落后，交通基础设施依然有待完善。

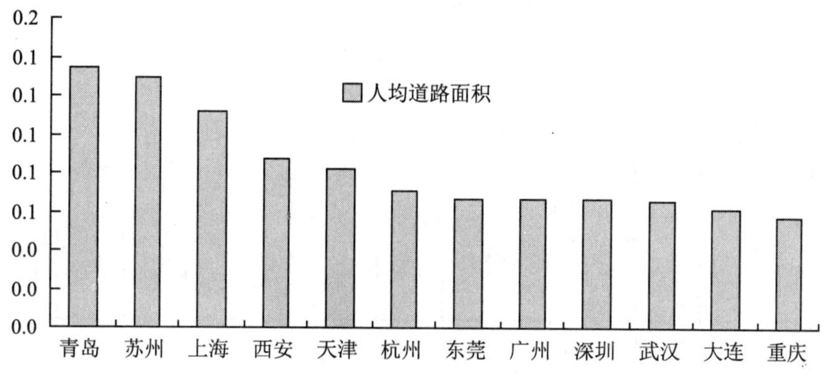


**图 5-22　人均道路面积指标排名情况**

12. 每万人拥有卫生技术人员数

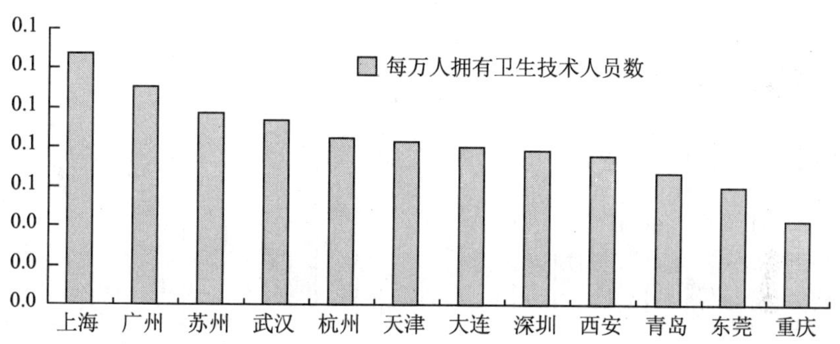


**图 5-23　每万人拥有卫生技术人员数情况**

每万人拥有卫生技术人员数是城市卫生医疗水平的一个指标。上海、广州、苏州 3 个城市名列前茅(见图 5-23),中部地区的武汉居第 4 位。东莞和重庆居末两位。

13. 工业全员劳动生产率

工业全员劳动生产率是工业运行效率的一个重要指标,广州、武汉、苏州居前三位(见图 5-24),青岛、杭州、东莞居末三位。

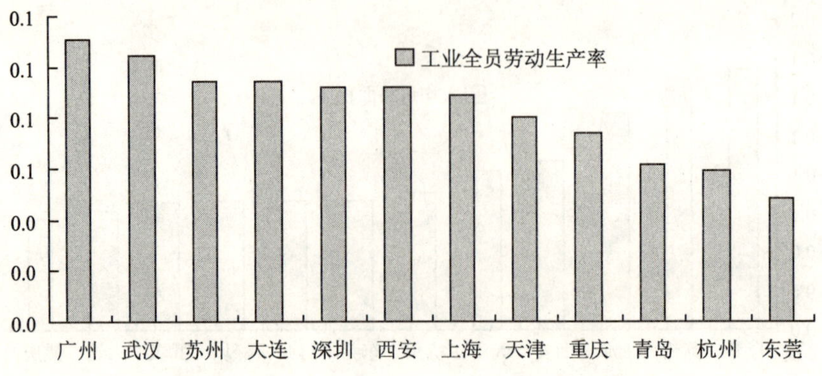


**图 5－24　工业全员劳动生产率指标排名情况**

14. 人均市区居住面积

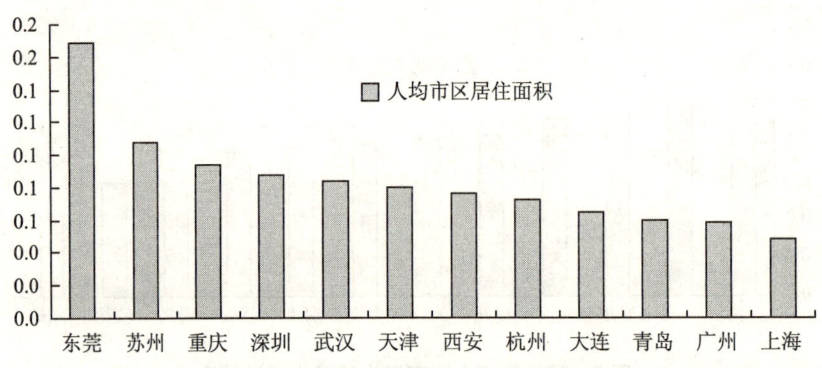


**图 5－25　人均市区居住面积指标排名情况**

人均市区居民面积是一个重要的民生指标。东莞、苏州、重庆居前三位(见图 5－25),青岛、广州、上海居末三位。

15. 每百户城市居民拥有移动电话数

每百人拥有移动电话数,既是城市通讯设施发展水平也是居民生活水平的反映,东莞、广州、上海居前三位(见图 5－26),武汉、苏州、天津居末三位,但从整体来看差距并不大。

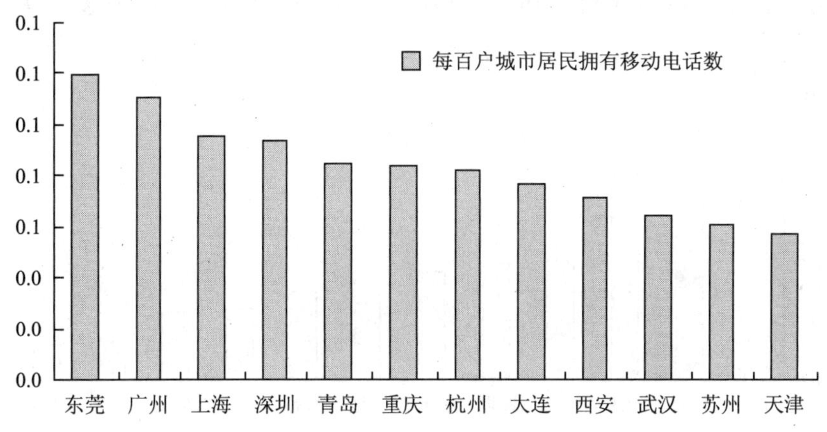


**图 5－26　每百户城市居民拥有移动电话数指标排名情况**

## 四、投资环境客观流量指标

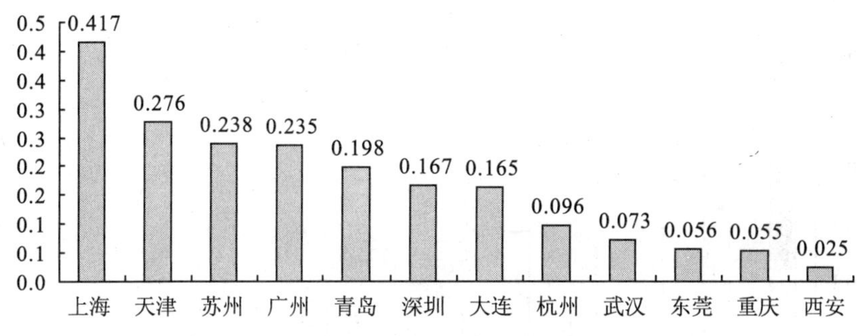


**图 5－27　各城市流量指标排名情况**

投资环境客观流量指标主要体现在外资利用水平和港口吞吐量两个方面，整体长三角和环渤海地区的流量指标较好（见图 5－27），一是由于其有着优良的港口，二是开放程度较高，对外资的吸引力较大。

1. 实际利用外资额

从实际利用外资来看，长三角的上海和苏州高居前两位（见图 5－28），环渤海的天津和青岛其次，而中西部的重庆和西安居末两位。可见，长三角和环渤海地区对外资的吸引力较强，而中西部地区相对较弱，一方面其地理区位相对不利,另一方面其各项基础设施也还不够完善。

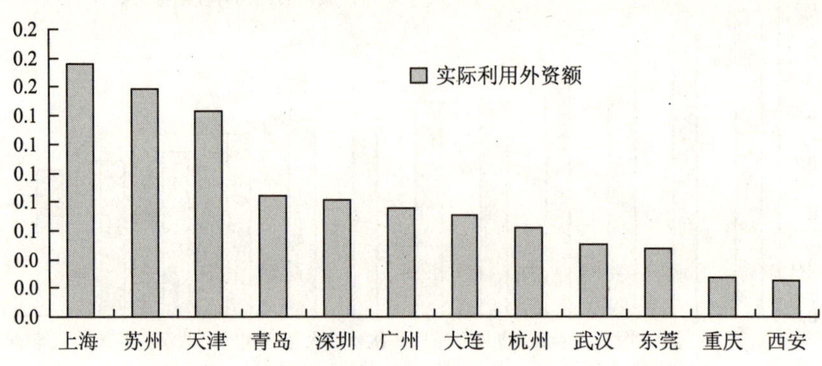


**图 5-28　各城市实际利用外资额指标排名情况**

2. 港口吞吐量

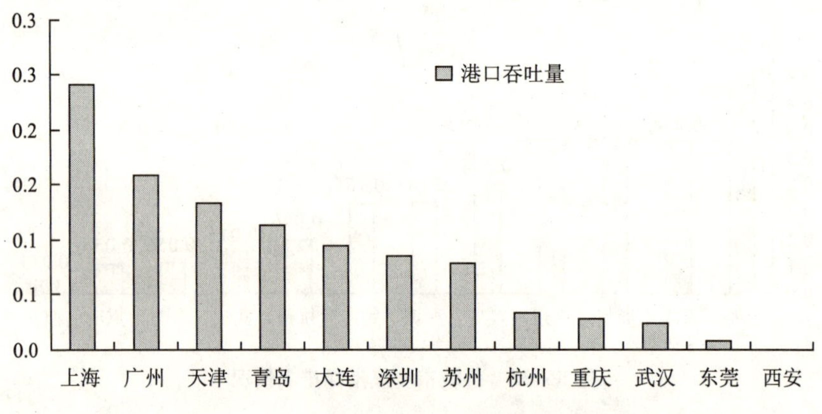


**图 5-29　各城市港口吞吐量指标排名情况**

港口吞吐量是衡量城市对外开放程度的重要指标,上海的洋山港、广州的南沙港,天津的天津港都是全国著名港口,这 3 个城市的港口吞吐量居全国前三位(见图 5-29),而内陆地区相对落后,西安没有港口,该项指标位居最后。

## 第二节　城市投资环境主观指标评价

### 一、数据的来源和分析方法

本书中城市投资环境主观指标数据主要通过中国台湾地区电机电子工业同业公会[①]调查问卷数据整理获得。问卷包括了自然环境、基础建设、公共设施、社会环境、法制环境、经济环境、经营环境7个一级指标，细分47个二级指标：3个自然环境指标，5个基础建设指标，4个公共设施指标，5个社会环境指标，13个法制环境指标，7个经济环境指标，10个经营环境指标。每项评价指标各有“非常满意”、“满意”、“一般”、“不满意”和“非常不满意”或类似表述的5项评价值。

本书的分析基于上述样本的统计结果，分别对七大类投资环境评价指标进行量化比较。具体分析方法为：

（1）评价值量化。每项评价指标各有“非常满意”、“满意”、“一般”、“不满意”和“非常不满意”或类似表述的5项评价值，分别代表“优秀”、“良好”、“中等”、“较差”和“很差”5个等级。把这5项评价值分别量化为数值5、4、3、2和1。

（2）数据统计。对回收的问卷进行统计，分别统计每项指标“非常满意”、“满意”、“一般”、“不满意”和“非常不满意”或类似表述的5项评价值的分布情况，并计算出百分比。

（3）期望值计算。通过计算每项指标评价值的数学期望得出各城市该项指标的评价数值，并进行比较分析。

（4）各类指标评价计算。把各项指标的评价数值进行算术平均得出

---

① 中国台湾区电机电子工业同业公会（Taiwan Electrical and Electronic Manufacture's Association：简称TEEMA），从2000年开始以“城市竞争力”，“投资环境力”，“投资风险度”，“台商推荐度”的“两力两度”TEEMA评估模式，与IMD、WEF等齐名的权威机构。2008年，TEEMA共向大陆90个城市发放2880份问卷，其中有效问卷2612份。

各类指标组的评价数值，并进行比较分析。

(5)总评价值计算。把各类指标值的评价数值进行算术平均得出各类指标组的评价数值，并予以比较分析。

## 二、指标的评价分析结果

### 1. 自然环境类指标

本类指标通过当地生态与地理环境符合企业发展的条件，当地水电、燃料等能源充沛的程度，当地土地取得价格的合理程度等3项子指标进行综合评价，评分结果如表5－5所示。

**表5－5　自然环境指标评价**

| 城市 | 得分情况 |
|---|---|
| 1. 天津 | 4.78 |
| 2. 大连 | 4.31 |
| 3. 青岛 | 4.25 |
| 4. 杭州 | 4.22 |
| 5. 苏州 | 4.09 |
| 6. 上海 | 3.56 |
| 7. 重庆 | 3.31 |
| 8. 武汉 | 3.19 |
| 9. 广州 | 3.08 |
| 10. 深圳 | 2.86 |
| 11. 东莞 | 2.62 |
| 12. 西安 | 2.49 |

### 2. 基础建设指标评价

本类指标通过当地海、陆、空交通运输便利程度，通讯设备、资讯设施、网络建设完善程度，当地的污水、废弃物处理设备完善程度，当地的仓储物流处理能力，未来总体发展及建设规划完善程度5项指标进行综合评价，评分结果如表5－6所示。

**表 5-6　基础建设指标评价**

| 城市 | 得分情况 |
| --- | --- |
| 1. 天津 | 4.62 |
| 2. 杭州 | 4.19 |
| 3. 青岛 | 4.14 |
| 4. 大连 | 4.13 |
| 5. 苏州 | 4.08 |
| 6. 上海 | 3.74 |
| 7. 广州 | 3.23 |
| 8. 重庆 | 3.18 |
| 9. 深圳 | 3.09 |
| 10. 武汉 | 3.02 |
| 11. 东莞 | 2.84 |
| 12. 西安 | 2.26 |

3. 公共设施指标评价

本类指标通过医疗、卫生、保健设施的质与量完备程度，学校、教育、研究机构的质与量完备程度，当地的银行商旅等商务环境便捷程度，当地的城市建设的国际化程度等 4 项指标进行综合评价，评分结果如表 5-7 所示。

**表 5-7　公共设施指标评价**

| 城市 | 得分情况 |
| --- | --- |
| 1. 天津 | 4.33 |
| 2. 大连 | 4.24 |
| 3. 杭州 | 4.03 |
| 4. 青岛 | 4.00 |
| 5. 苏州 | 3.98 |
| 6. 上海 | 3.75 |
| 7. 重庆 | 3.41 |
| 8. 广州 | 3.24 |
| 9. 武汉 | 3.13 |
| 10. 深圳 | 2.98 |
| 11. 东莞 | 2.67 |
| 12. 西安 | 2.34 |

4. 社会环境指标评价

本类指标通过当地的社会治安,当地民众生活素质及文化水平程度,当地社会风气及民众的价值观程度,当地民众的诚信与道德观程度,民众及政府欢迎外商投资设备态度等 5 项指标进行综合评价,评分结果如表 5－8 所示。

**表 5－8　社会环境指标评价**

| 城市 | 得分情况 |
| --- | --- |
| 1. 天津 | 4.35 |
| 2. 杭州 | 4.14 |
| 3. 大连 | 4.12 |
| 4. 青岛 | 4.10 |
| 5. 苏州 | 4.08 |
| 6. 上海 | 3.54 |
| 7. 武汉 | 3.22 |
| 8. 重庆 | 3.14 |
| 9. 广州 | 2.98 |
| 10. 深圳 | 2.61 |
| 11. 东莞 | 2.42 |
| 12. 西安 | 2.40 |

5. 法制环境指标评价

本类指标通过行政命令与国家法令的一致性程度,当地的政策优惠条件,政府与执法机构秉持公正执法态度,当地解决纠纷的通道完善程度,当地的工商管理、税务机关行政效率,当地的海关行政效率,劳工、公安、消防、卫生行政效率,当地的官员操守清廉程度,当地的政府对投资承诺实现的程度,当地环保法规规定适宜且合理程度,当地政府政策稳定性及透明度,当地政府对智慧财产权重视的态度,当地政府积极查处伪劣仿冒品的力度等 13 项指标进行综合评价,评分结果如表 5－9 所示。

**表 5－9　法制环境指标评价**

| 城市 | 得分情况 |
|---|---|
| 1. 天津 | 4.25 |
| 2. 杭州 | 4.11 |
| 3. 大连 | 4.06 |
| 4. 苏州 | 4.00 |
| 5. 青岛 | 3.82 |
| 6. 上海 | 3.39 |
| 7. 重庆 | 3.23 |
| 8. 武汉 | 3.13 |
| 9. 广州 | 3.01 |
| 10. 深圳 | 2.68 |
| 11. 东莞 | 2.50 |
| 12. 西安 | 2.41 |

### 6. 经济环境指标评价

本类指标通过当地人民的生活条件及人均收入状况，当地的商业及经济发展程度，金融体系完善的程度且贷款取得便利程度，当地的资金汇兑及利润汇出便利程度，当地经济环境促使台商经济获利程度，该城市未来具有经济发展潜力的程度，当地政府改善投资环境积极程度等 7 项指标进行综合评价，评分结果如表 5－10 所示。

**表 5－10　经济环境指标评价**

| 城市 | 得分情况 |
|---|---|
| 1. 天津 | 4.41 |
| 2. 杭州 | 4.11 |
| 3. 大连 | 4.09 |
| 4. 苏州 | 4.09 |
| 5. 青岛 | 4.02 |
| 6. 上海 | 3.66 |
| 7. 广州 | 3.15 |

续表

| 城市 | 得分情况 |
|---|---|
| 8. 武汉 | 3.13 |
| 9. 重庆 | 3.08 |
| 10. 深圳 | 3.01 |
| 11. 东莞 | 2.69 |
| 12. 西安 | 2.41 |

7. 经营环境指标评价

本类指标通过当地的基层劳动力供应充裕程度，当地的专业及技术人才供应充裕程度，环境适合台商发展内需、内销市场的程度，台商企业在当地之劳资关系和谐程度，经营成本、厂房与相关设施成本合理程度，有利于形成上、下游产业供应链完整程度，当地的市场未来发展潜力优良程度，同业、同行间公平且正当竞争的环境条件，当地台商享受政府自主创新奖励的程度，当地政府奖励台商自创品牌措施的程度等10项指标进行综合评价，评分结果如表5－11所示。

**表5－11　经营环境指标评价**

| 城市 | 得分情况 |
|---|---|
| 1. 天津 | 4.34 |
| 2. 杭州 | 4.04 |
| 3. 青岛 | 4.04 |
| 4. 苏州 | 4.00 |
| 5. 大连 | 3.97 |
| 6. 上海 | 3.54 |
| 7. 重庆 | 3.21 |
| 8. 广州 | 3.17 |
| 9. 武汉 | 3.11 |
| 10. 深圳 | 2.82 |
| 11. 东莞 | 2.62 |
| 12. 西安 | 2.38 |

## 三、主观指标评价结论

根据上述评价分析的结果对全部指标汇总合成(排名):

**表 5－12　主观指标汇总表**

| | 自然环境 | 基础建设 | 公共设施 | 社会环境 | 法制环境 | 经济环境 | 经营环境 | 综合得分 | 排名 |
|---|---|---|---|---|---|---|---|---|---|
| 天津 | 4.78 | 4.62 | 4.33 | 4.35 | 4.25 | 4.41 | 4.34 | 4.43 | 1 |
| 杭州 | 4.22 | 4.19 | 4.03 | 4.14 | 4.11 | 4.11 | 4.04 | 4.12 | 2 |
| 大连 | 4.31 | 4.13 | 4.24 | 4.12 | 4.06 | 4.09 | 3.97 | 4.11 | 3 |
| 青岛 | 4.25 | 4.14 | 4.00 | 4.10 | 3.82 | 4.02 | 4.04 | 4.05 | 4 |
| 苏州 | 4.09 | 4.08 | 3.98 | 4.08 | 4.00 | 4.09 | 4.00 | 4.05 | 5 |
| 上海 | 3.56 | 3.74 | 3.75 | 3.54 | 3.39 | 3.66 | 3.54 | 3.58 | 6 |
| 重庆 | 3.31 | 3.18 | 3.41 | 3.14 | 3.23 | 3.08 | 3.21 | 3.24 | 7 |
| 广州 | 3.08 | 3.23 | 3.24 | 2.98 | 3.01 | 3.15 | 3.17 | 3.14 | 8 |
| 武汉 | 3.19 | 3.02 | 3.13 | 3.22 | 3.13 | 3.13 | 3.11 | 3.14 | 9 |
| 深圳 | 2.86 | 3.09 | 2.98 | 2.61 | 2.68 | 3.01 | 2.82 | 2.86 | 10 |
| 东莞 | 2.62 | 2.84 | 2.67 | 2.42 | 2.50 | 2.69 | 2.62 | 2.63 | 11 |
| 西安 | 2.49 | 2.26 | 2.34 | 2.40 | 2.41 | 2.41 | 2.38 | 2.41 | 12 |
| 平均 | 3.51 | 3.63 | 3.56 | 3.44 | 3.45 | 3.54 | 3.44 | 3.49 | |

从表 5－12 可以看出,12 个城市中,天津、杭州、大连、青岛、苏州、上海这 6 个城市投资环境综合评分高于平均水平,而重庆、广州、武汉、深圳、东莞、西安这 6 个城市投资环境综合评分低于平均水平。

# 第三节　区域投资环境评价分析

## 一、客观总体指标

从客观总体指标来看,长三角地区以总得分 7.51 分,排在首位。其次为珠三角地区，总得分 6. 28 分，接着是环渤海地区，总得分 5. 82 分，中西部以总得分 5. 39 分，排在末位。这 4 个地区的客观指标得分情况如图 5－30 所示。

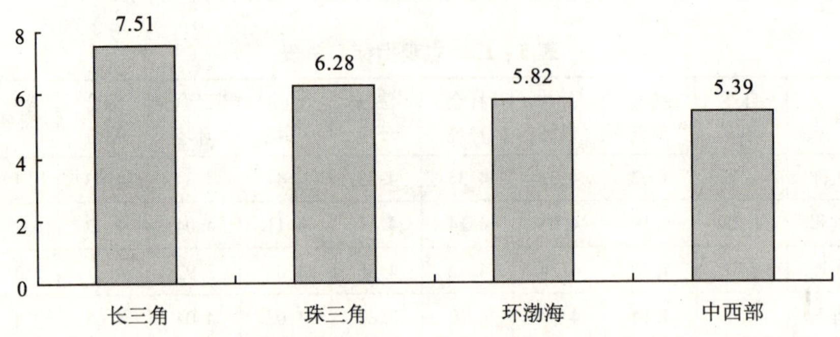


**图 5－30　4 个地区的客观指标得分情况**

从图 5－30 可以看出，整体上长三角地区的投资环境在客观指标上处于最佳，且优势明显。珠三角、环渤海、中西部地区差距经过一段时间的发展，总的来说，相差不是很大。下面从总量指标、质量指标、流量指标 3 方面进行分析。

1. 总量指标

从总量指标来看，长三角地区优势十分明显，总得分 2. 902 分，其他区域得分依次为珠三角地区 2. 090 分，环渤海地区 1. 538 分，中西部地区 1. 469 分。这 4 个地区的总量指标得分情况如图 5－31 所示。

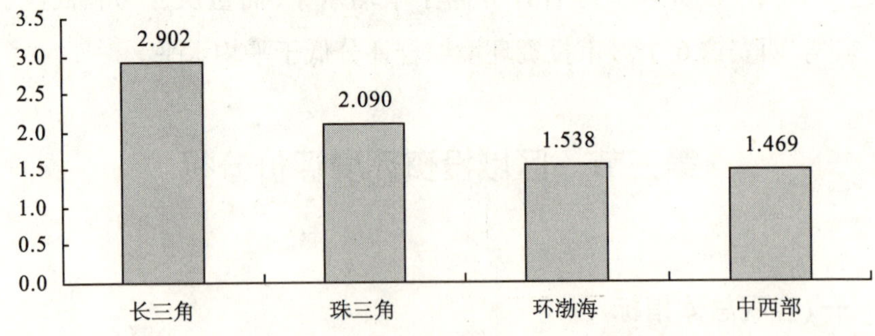


**图 5－31　4 个地区的总量指标得分情况**

2. 质量指标

从质量指标来看，4 个地区差距很小，其中长三角地区得分最高为 3. 856 分，其他区域得分依次为珠三角地区 3. 740 分，中西部地区 3. 768 分，环渤海地区 3. 635 分。这 4 个地区的质量指标得分情况如图 5 – 32 所示。

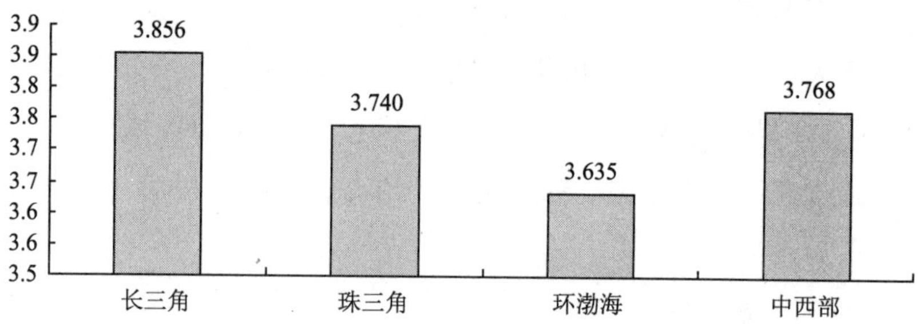


**图 5 – 32　4 个地区的质量指标得分情况**

3. 流量指标

从流量指标来看，4 个地区流量指标差距很大，其中长三角地区得分最高为 0. 756 分，其他区域得分依次为环渤海地区 0. 644 分，珠三角地区 0. 447 分，中西部地区 0. 154 分。这 4 个地区的流量指标得分情况如图 5 – 33所示。

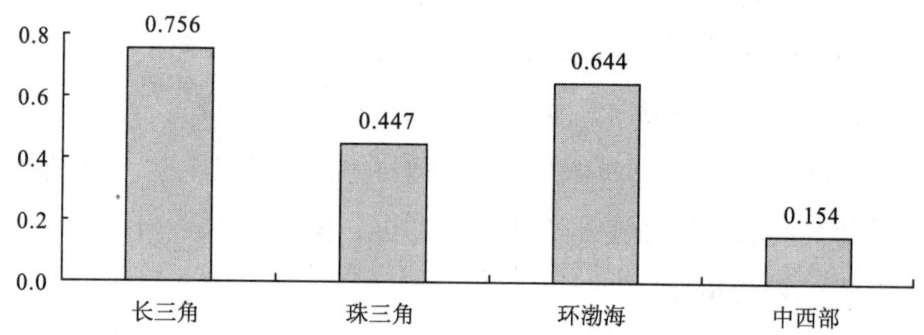


**图 5 – 33　4 个地区的流量指标得分情况**

## 二、主观总体指标

将各区域中的3个城市分数相加,环渤海得分最高,为12.59分,长三角居第2,为11.75分,珠三角和中西部地区得分较低,分别8.63分和8.79分,且与环渤海和长三角地区的差距较大。

1. 自然环境指标

将各大区域的3个城市得分相加,环渤海13.34分,长三角11.87分,中西部8.99分,珠三角8.56分。可以看出,环渤海区域的自然环境指标遥遥领先于其他地区。珠三角在经历高速发展阶段后,自然环境水平明显落后。

2. 基础设施指标

将各大区域的3个城市得分相加,环渤海12.89分,长三角12.01分,珠三角9.16分,中西部8.46分。可以看出,环渤海和长三角地区的基础设施建设明显高于珠三角和中西部地区。珠三角的人力成本高以及中西部的区位劣势导致物流成本大幅上升,是珠三角和中西部地区得分偏低的主要原因。

3. 公共设施指标

将各大区域的3个城市得分相加,环渤海12.57分,长三角11.76分,珠三角8.89分,中西部8.88分。可以看出,环渤海和长三角地区的公共设施建设明显高于珠三角和中西部地区。改革开放以来,大量外来人员涌入珠三角地区,导致医疗、卫生、教育等设施难以跟上,中西部地区由于经济发展水平相对较弱,公共设施的进一步完善还需一段时间。

4. 社会环境指标

将各大区域的3个城市得分相加,环渤海12.57分,长三角11.76分,中西部8.76分,珠三角8.01分。可以看出,环渤海和长三角地区的社会环境指标明显高于珠三角和中西部地区。珠三角得分最低,当地治安较差,人员素质相对较低是其主要原因。

5. 法制环境指标

将各大区域的3个城市得分相加，环渤海12.13分，长三角11.50分，中西部8.77分，珠三角8.19分。可以看出，环渤海和长三角地区的法制环境建设明显高于珠三角和中西部地区。

6. 经济环境指标

将各大区域的3个城市得分相加，环渤海12.52分，长三角11.86分，珠三角8.85分。中西部8.62分。可以看出，环渤海和长三角地区的经济环境也要明显优于珠三角和中西部地区。

7. 经营环境指标

将各大区域的3个城市得分相加，环渤海12.35分，长三角11.58分，中西部8.70分，珠三角8.61分。从整体来看，环渤海和长三角地区的经营环境明显高于珠三角和中西部地区。

无论是从主观总量指标还是各项分指标来看，环渤海地区的主观指标都是保持第1位，其次是长三角地区，且环渤海地区与长三角地区之间差距不大。相比之下，珠三角和中西部地区明显偏低，且这两者之间差距也不大。总量指标中西部地区（8.79）略高于珠三角地区（8.63），七项分指标中，基础设施、公共设施、经济环境珠三角地区略高于中西部地区，而自然环境、社会环境、法制环境、经营环境中西部地区略高于珠三角地区。

# 第六章 NO.6 典型城市投资环境深度分析

## 第一节 投资环境竞争力较强城市的优势

### 一、排名前置城市的突出优势

#### (一)客观指标方面

从总量指标综合评价来看,排名前四位的城市依次为上海、广州、深圳和天津。从整体来看,排名较为靠前的城市有3个突出优势:一是经济总量大;二是消费能力强;三是金融实力雄厚。这三大特点是投资方非常重视的经济指标,同时也代表了一个地区的总体发展实力,是投资企业赖以生存的基础环境。

从质量指标综合评价来看,排名前四位的城市依次为西安、广州、上海和苏州。西安市虽然总体投资环境处于劣势地位,但在质量指标综合评估中,却异军突起,这主要得益于其科技投入和教育实力两项指标的拉升作用。众所周知,古城西安虽地处西部,但其科技和教育实力却不容小觑,著名飞机制造企业——西飞集团,著名学府——西安交通大学、西北工业大学等均位于西安市。除西安外,其余三市均为东部地区城市,综合来看,这3个城市具有四大共同优势:一是高新技术产业实力较强;二是工业劳动生产率较高;三是财政支持地方经济发展的力度大;四是外商投资企业大量积聚。前两项优势显示该类城市的工业基础环境(包括技术基础、劳动力素质等)良好;第三项优势显示该类地区的政府在推动地方经济发展方面较有魄力，拥有良好的政府公共服务环境；最后一项优势显示外商对地区发展前景较为认可，有持续增加投入的意愿。

从流量指标综合评价来看，排名前四位的城市依次是上海、天津、广州和苏州，这些城市有一个共同特点——外向型经济发达。因此，该类地区的区位环境优势较为明显，特别是上海、天津、广州等地，均拥有世界级的港口，出口环境优势是其他地区难以匹敌的。

因此，从上述三大领域的综合评价来看，排名前置城市的综合优势主要体现在以下6个方面：一是具备一定的经济规模；二是拥有一定的消费能力；三是支撑企业发展的金融服务环境好；四是拥有一定的工业基础（高新技术产业、劳动力素质等）；五是政府推动经济发展的力度大；六是对外联系通道便捷、出口环境优良。

### （二）主观指标方面

从主观指标综合评价来看，排名前五位的城市依次是天津、大连、青岛、杭州、苏州。其中，天津、大连属于典型的环渤海经济圈，苏州、杭州属于典型的长三角经济圈，这两大经济圈的投资环境竞争力评价均高于珠三角经济圈。

以天津和大连为例，两市在七大主观评价指标中均名列前茅，其中在以下四大方面的评价值相对较高：一是在自然环境指标方面，两市水电、燃料供应充沛和土地价格低廉两大优势提升了该指标评价值；二是在社会环境指标方面，社会治安优良、刑事案件少是两市社会环境竞争力高企的重要原因；三是在法治环境方面，两市政府服务效率高、优惠政策力度大、政府依法行政等三大优势是其他地区难以比拟的；四是在经营环境方面，两市拥有较为和谐的劳资关系和充裕的劳动力及专业技术人才。

## 二、典型城市的案例分析

1. 上海市

根据对上海市的客观和主观两类指标的综合评价来看，上海市客观指标评价值占据明显优势，这是带动上海市投资环境竞争力提升的主要方面。从上海市投资环境客观指标的各项评价来看，指标值突破 0.2 的分别是：GDP、进出口总额、城乡居民储蓄存款余额、银行贷款余额、排名前 20 位高校、港口吞吐量，其中总量指标中的银行贷款余额和流量指标中的港口吞吐量两项指标最高，分别达到 0.2586 和 0.2412。上海市作为区域性中心城市（长江三角洲经济区），其金融服务实力和外向型经济实力的优势非常突出。

上海市是长三角的经济增长极，2010 年全市地区生产总值达到 16872 亿元，其中第三产业增加值达到 9618 亿元，占国内生产总值比重约为 57%，上海市经济服务化的趋势日趋明显。一个以服务业为主的发达经济体，对周边地区的辐射作用必然表现明显，这在客观指标中主要表现在两大方面：一是上海市的金融服务环境优越，该地区集中了众多大中企业的总部，而总部经济的集聚必然会要求当地具有强大的金融服务能力；二是上海市的国际联系通道便捷，当前全球贸易规模巨大，贸易对经济增长的拉动作用显著，上海作为重要的港口城市，为周边地区如浙江、江苏等地提供了重要的国际交往通道。

2. 天津市

根据对天津市的客观和主观两类指标的综合评价来看，天津市主观指标评价值占据明显优势，其中自然环境、基础建设和社会环境 3 项指标最优（与各城市各指标平均值比较），成为拉升天津市投资环境竞争力的重要力量。

天津是环渤海经济圈的中心城市，也是北方重要的经济中心城市之一。在国家支持环渤海经济圈跨越式发展的大背景下，作为环渤海经济圈的核心支点，天津市通过各种优化投资环境的措施，吸引了大量国内外建设和发展资金。其中，在自然环境方面，天津市供水、供电等资源条件较好。此外，天津市为了大力招商引资，充分发挥地域广阔的优势（国土面积超过 1 万平方公里），给予外来投资者以优惠地价，吸引了制造类企业的快速集聚。在基础建设方面，天津市大力发展海、陆、空、铁四位一体的综合交通体系，特别是大型港口和高速公路的持续投入，使天津市的内引外联交通优势进一步确立。同时天津市集中精力，大力推进滨海新区的各项基础设施建设，良好的基础设施条件助力滨海新区快速发展。在社会环境方面，天津市积极整治社会治安，严明法制条例，为投资者和企业营造了良好的生活及发展环境。

3. 苏州市

根据对苏州市的客观和主观两类指标的综合评价来看，苏州市的各项指标值均位于中上游位置，其中基础设施、外向型经济和工业基础环境3项指标最具优势，成为提升苏州市投资环境竞争力的重要力量。

苏州是长江三角洲经济区第二大城市，近年来经济发展水平迅速提升。苏州的高新技术产业实力非常雄厚，其高新技术产品的出口规模在全国各大中城市中位列首位。苏州经济的快速发展与其日益优良的投资环境是分不开的，苏州与珠三角城市的发展轨迹类似，属于典型的出口导向型经济。因此，苏州在完善基础设施建设和鼓励引进外商投资方面倾注了较大精力，其中苏州工业园就是按照国外最先进的园区开发理念设计施工，基础设施及公用设施配套水平都达到了国际一流水平，结果也得到了外资特别是台资的高度认可，众多外商投资企业集聚在苏州工业园。此外，苏州工业基础环境也比较优良，除电子信息产业以外，装备制造业的发展也比较好，工业全员劳动生产率较高，这也在一定程度上提升了苏州的投资环境竞争力。

## 三、投资环境评价前置城市的改进思路

虽然上海、天津、苏州等城市的投资环境评价分值相对较高，但经横纵向对比分析发现，该类城市在改善投资环境方面，仍有进一步提升的空间。

上述投资环境评价分值排名靠前的城市，一般在经济总量、贷款余

额、基础设施和公共设施等方面拥有较大优势,这些优势更多的表现在总量规模和硬件环境两大方面。而在结构和质量指标、软环境建设指标方面,该类城市的优势表现得并不十分明显。为此,投资环境评价值靠前的城市在进一步提升地区投资环境竞争力方面,应着重做好质量指标和软环境指标的改善工作。质量指标的提升包括增加教育经费投入、增加科技资源投入、大力发展高新技术产业和提升工业从业人员素质等四大方面,这些措施主要目的在于进一步提升城市的文化素质和工业档次。软环境改善应主要针对减少市场摩擦成本、交易成本方面的指标,特别是信用环境、法制环境和市场公平竞争环境等方面。

## 第二节　投资环境竞争力落后城市的劣势

### 一、排名后置城市的比较劣势

#### (一)客观指标方面

从总量指标综合评价来看,排在后四位的城市依次为重庆、东莞、大连和西安。从整体来看,该类城市在投资环境指标的评价中,有 4 个明显的比较劣势:一是经济总量规模相对较小;二是全社会消费能力相对不强;三是金融服务能力相对较弱;四是教育实力相对滞后(西安除外)。

从质量指标综合评价看来,排在后三位的城市依次为重庆、深圳和天津三市。天津在投资环境竞争力总体评价中遥遥领先,但在质量指标部分的评价值相对落后,主要原因是该市在通信设施、环境绿化和高等教育等领域的投入力度相对较为滞后,阻碍了其质量指标评价值的提升。该类城市在质量指标的评价中排名落后的原因,主要表现在以下三大领域:一是教育基础实力相对较弱,每万人中的高校学生人数较少;二是近年利用外资的增长速度较低,外商投资的集聚效率变慢;三是人均道路面积相对不足,地区交通设施仍需进一步完善。

从流量指标综合评价来看，排在后三位的城市依次为西安、重庆和东莞三市。该类城市与上海、苏州相比，在利用外资规模和港口吞吐量方面排名较为落后，这也表明该类城市在经济外向度和对外联系通道方面有待进一步提高。

因此，从上述三大领域的综合评价来看，排名后置城市的比较劣势主要表现在以下7个方面：总体经济实力不强、社会消费能力有限、金融服务环境欠佳、各类教育投入不足、基础设施建设滞后、外资集聚速度变缓、对外联系通道不足。

（二）主观指标方面

从主观指标综合评价来看，排在后三位的城市依次为西安、东莞和深圳。值得特别关注的是，深莞两市均为珠江三角洲经济区的核心城市，具备较强的经济实力，同时也是外商的主要集聚地之一，但该项指标评价却非常落后。究其原因，主要是两市在社会环境和法制环境两大指标评价较为落后，这和珠三角地区社会治安环境较差、政府服务效率相对较低、劳资关系不和谐等不无关系。

## 二、典型城市的案例分析

1. 东莞市

从对东莞市的客观指标的综合评价来看，该市在全国前20位高校数、每万人高校学生数、港口吞吐量、R&D占GDP比重、银行贷款余额等指标评价中，均居于末后位置。此外，从主观指标综合评价来看，东莞的社会环境、法制环境和经营环境等3项指标评价排名居于末位。

从上述指标分析中可以看出，东莞市投资环境竞争力评价相对落后主要是出于4个方面的原因：一是东莞的科教实力和水平相对不高，高校数及在校人数、R&D投入规模均较少；二是缺乏对外联系通道，其进出口货物基本经由深圳和广州口岸出口；三是金融机构的支撑能力有限；四是社会治安问题严重，东莞经济迅速发展与产业规模大幅扩张，带来人流物流高度集中，外来人口急剧增多，出现了治安环境恶化，发案率高居不下等问题。上述问题，特别是主观指标方面的问题，严重制约了东莞市投资环境竞争力的提升。

2. 西安市

从对西安市的客观指标综合评价来看，西安的总量和流量两项分指标评价分值较低，特别是总量指标中的进出口总额、GDP 和流量指标中的港口吞吐量等 3 项指标。此外，在主观指标评价方面，西安的基础建设、公共设施和经营环境 3 项指标评价非常滞后。

西安市地处我国西北内陆地区，在对外联系方面处于非常劣势的地位，因此在港口吞吐量指标评价中为零。由于缺少对外联系通道，西安市在进出口指标评价方面也非常被动，同时其在地区经济总量（GDP）也有限。在主观指标评价方面，与投资环境较好地区相比，西安市的基础设施和公共服务设施的建设水平还亟待进一步提高，如交通设施和商务环境等方面。此外，西安市的企业经营环境也需要改善，特别是当地产业链配套环节缺失和本地市场发展潜力受限等问题突出。

3. 重庆市

从对重庆市的客观指标综合评价来看，重庆的总量和流量两项分指标评价分值较低，特别是总量指标中的进出口总额、城镇居民可支配收入和流量指标中的实际利用外资额、港口吞吐量等 4 项指标。此外，在质量指标中的每万人高校学生人数、R&D 支出占 GDP 比重和人均道路这 3 项指标的评价较为落后。

重庆市地处我国西南内陆地区，虽然有长江航道通往东海，但由于航程长、船舶吨位低等原因，与国际市场的联系通道仍不便利，因此在港口吞吐量方面处于较为劣势的地位，同时这也制约了外向型经济的发展，其中主要表现为进出口贸易额和实际利用外资额两项指标的较低评价。与此同时，重庆属于典型的内需型经济，但是其城镇居民的可支配收入并不高，这将制约其经济系统的循环发展，因此该项指标评价也较低。此外，在质量指标中可以看出，重庆的高等教育发展、技术研发投入和基础设施建设亟需进一步增强。特别需要指出的是，重庆被喻为“山城”，地势蜿蜒曲折，交通基础设施建设难度大，因此加大基础设施建设对其投资环境竞争力的提升作用较大。

### 三、投资环境竞争力弱的城市改进思路

投资环境评价分值较低的地区如西安、东莞等市，其各项投资环境指标的评价值与投资环境优良城市相比，无论是总量指标、质量指标，还是其他各类指标，都确实存在一定的差距。因此，落后城市实现投资环境竞争力的提升将是一项系统工程，而此系统工程的突破口应集中于以下两个方面：一是率先着力改善地区投资硬环境；二是努力改善地区政府服务效率。

首先，投资环境竞争力较弱的城市应尽快提升地区投资环境的硬件水平，改善和提升各项交通物流设施的功能，加快各项公共基础设施和公共服务设施建设。对于缺乏港口、口岸等国际联系通道的地区，要通过建立保税物流中心、陆港等措施，打通本地与国际物流节点之间的联系通道，将口岸贸易功能延伸至当地。其次，要非常重视提升各经济审批服务部门的服务效率。我国经济具有明显的行政推动性特征，投资环境中的政府服务因素也就起着举足轻重的作用。因此，努力提升地方政府的服务效率，为外来投资者营造良好的服务环境，是提升地区投资环境评价水平的重要支撑。

## 第三节　城市投资环境优劣势的转换

城市投资环境质量是一个不断演变的动态过程，没有哪一个城市的投资环境能一直保持优势，也没有哪一个城市的投资环境就一直处于劣势。综合来说，各城市投资环境的优势和劣势在一定条件下可以实现角

色互转，即优势如果得不到有效维系就会转变为劣势，劣势可以通过创造有利条件转化为优势。

对投资环境竞争力强的城市而言，如果过分依赖于往昔所取得的成绩而不深入研究新时期出现的投资环境新问题，并加以进一步改进和优化提升，就会跌落至二流甚至三流档次的投资环境，最终演变成为投资环境竞争力落后城市，进而影响招商引资成效，甚至掣肘地方经济发展。其中，较具代表性的案例以珠江三角洲地区的东莞和深圳两市最为典型，上述两个城市在改革开放初期，通过建设高效、改革、开放和包容的投资环境，赢得了众多国内外企业家和投资者的青睐，吸引了大量外商直接投资，迅速成长为经济发达地区，“东莞奇迹”和“深圳速度”是对当年两市经济发展的充分肯定。但是近年以来，东莞和深圳两市投资环境竞争力呈明显下降态势，根据对外商特别是台商有重要引导作用的投资推介报告《TEEMA 2008》显示，苏州、上海、大连等长三角城市和环渤海城市排名处于前 20 名，属于投资环境竞争力较强的城市，而东莞和深圳两市均位于后 20 位，属于投资环境竞争力较差的城市。究其原因，其中固然有国家对外开放深入推进和特殊优惠政策取消的影响，但经深入研究后发现，东莞和深圳两城市投资环境竞争力评价落后的制约因素主要集中于社会治安、政府执行效率和政策的适应性等三大方面。由此可以看出，莞深两市投资软环境建设非常之滞后，特别是两市的治安环境问题较为突出，经济发展实力提升并未与地区投资环境建设同步推进，目前外商投资北上趋势已经日益显现。

对于投资环境竞争力相对落后的城市而言，如果能集中精力深入发掘自身的特色资源，找准自身的产业发展定位，完全可以通过创造有利条件变劣势为优势，提升投资环境竞争力水平。其中，天津市就是该类城市的典型代表。新中国成立初期，天津市作为中国四大直辖市之一曾经也有过经济的快速增长时期，但改革开放之后，我国的经济中心随之南移，天津市的经济发展开始变缓，曾一度与其直辖市地位不相匹配。进入新千年以来,天津市政府再度发力,并以滨海新区开发建设为抓手,加大力度改善城市投资环境。在硬件环境建设方面,不断完善港口、道路、铁路和机场等交通基础设施建设,特别是天津港的建设成绩尤其显著,截至目前,天津作为北方海、陆、空、铁四位一体的综合交通中心的地位逐步确立。在软环境建设方面,"一站式"审批服务平台、"大通关"服务体系和政府服务效率纷纷建成和提升,其中2010年天津市提出"大干300天,环境大改变"的投资环境建设口号,并相应的落实工作职责,明确监督考核机制,极大地调动了各级政府部门优化和改善投资环境的积极性,天津市也因此形成了"大干、实干、快干"的"三干"精神,全市投资环境面貌焕然一新,投资环境竞争力迅速提升,滨海新区还被TEEMA评为"2007年度投资环境十佳城市(区)"。

一个城市的投资环境改善工作是一个长期和持续的过程,既不能一蹴而就,也不能一劳永逸。我们应通过建立一套投资环境管理和评价机制,定期向企业发放调查问卷,客观中肯地总结和评价自身的投资环境建设,并出台年度投资环境评价报告,有针对性地提出改善意见和建议,对存在的问题和隐患争取及早发现并纠正。

## 第四节　投资环境改善与城市间差异化发展

### 一、资源稀缺与城市间的同质化竞争

#### (一)资源稀缺与禀赋条件

资源的稀缺性是经济学第一原则,正是由于资源稀缺性的存在,才决定了人们在生产和使用经济物品的过程中不断做出各种选择,并最终决定有限的资源如何才能被有效地组织起来进行生产。资源稀缺性是城市经济和产业发展的基本前提假设。

对于一个城市的发展来说,资源稀缺同样是难以回避的现实问题。城市经济体的产生和发展,都是建立在其独有的资源禀赋条件和比较优势基础之上的。而这种资源禀赋和比较优势基础,是通过其先天拥有的和后天积淀的多种发展条件的相互交织、融合后而形成的,因而具有典型的独有性和稀缺性特征。比如,发达的出口导向型经济是东部沿海城市的独有特征,而这与此类城市一般拥有深水良港的先天自然资源条件是分不开的,内陆地区就显然不拥有如此条件。广东佛山的陶瓷工业全国领先,其陶瓷产品远销欧美等国家和地区,而这与佛山市周边拥有大量的高岭土等非金属矿资源也是分不开的。上述两个案例都说明了本来就已非常稀缺的自然资源,再加上地理空间上的分布不均衡,结果造成了各地区经济发展模式、产业发展取向的截然不同。

此外,从非自然条件来看,各个城市经过长期积淀而形成了各自不同的后天资源优势。比如,西安和北京这两个城市并不具有沿海的区位资源,但是这两所城市的科技和教育实力非常雄厚,全国重点高等院校和科研机构云集此地,各类技术型人才资源异常丰富,完全可以用人才济济来形容。上海、宁波、温州、广州、深圳等城市,改革开放后,经济迅速发展,成为全国重点城市。这些城市有一个共有特征:就是城市的商业资源丰富,占有了全国大部分的企业家资源和金融资源。

(二)城市间的同质化发展

上述分析表明,资源稀缺是城市发展的基础前提假设,在资源稀缺的大前提下,深入认识和研究自身的资源禀赋条件,是各个城市确定未来发展定位和发展方向的基本要求。

但是目前,在全国经济高速发展的大背景下,各个城市的发展表现出明显的躁动情绪。各城市对自身的资源要素环境在没有形成完整而深刻认识的情况下,不顾地区发展条件限制,盲目推进招商引资,致使引资效果甚微,其中主要的表现就是城市间的均质化发展。

各城市特别是地域相邻的城市,通过利用行政和政策资源(如零地价、配套标准厂房、优惠贷款和快速审批等）开展招商竞争，经常出现同一意向投资项目在多个城市间来回绞力的现象。比如，你建一个钢铁项目，我也上一个钢铁项目；你建一个石化厂，我也上一个石化厂；此种现象比比皆是，城市间的同质化竞争问题可见一斑。原本产业资源就是一种稀缺要素，只有集中起来布局，才能发挥出集聚效应。结果由于各地的反复争抢，有限的产业资源被进一步分散化。最后呈现出的景象就是，各城市都有，各城市都不强。

以长江三角洲为例，各城市间产业设置的雷同现象具体表现在城市间，而产业间的雷同同样非常普遍。苏、浙、沪三地产值在前十位的行业基本相同，长三角有多个城市同时选择汽车作为未来发展的重点产业，沿海各个城市争相定位为港口城市，高新科技产业发展规划几乎雷同。魏守华、详金吉（2011）等人研究成果显示，江浙沪三地主导产业高度重合，三地共同的主导产业包括化学原料及化学制品制造业、电气机械及器材制造业和交通运输设备制造业。

## 二、城市化发展中未来的差异化选择

在未来城市化发展中，应着重突出各个城市的发展特色，实现差异化发展。而实现城市间差异化发展的目标，核心问题就是要解决城市间的产业雷同问题。解决思路主要从以下两方面考虑：

一是对于产业链较短、技术层次不高的产业来说，要集中布局在经济后发和劳动力资源丰富的城市，并尽量避免产业同构现象的存在。一些经济实力相对落后，但人力资源比较丰富、环境成本比较低、尚处于不发达阶段的城市，要多考虑发展传统的劳动密集型产业。因为该类产业一般具有产业链短小的特点，而且技术简单、投资小、风险低，因而容易在一个较短的时间内实现产业的快速集聚，进而有效带动地区的工业化和城市化发展。类似的代表性产业主要包括，农副食品加工业、纺织业、纺织服装/鞋帽制造业、建材工业、家具产业和印刷包装业等。上述产业都是典型的轻工制造类产业，进入门槛都比较低，产业链配套要求不高，能在一个相对封闭的环境下实现快速发展，这对一些工业基础欠佳、产业链不完善的后发城市的发展具有较大的促进作用，如中西部地区的各大中城市。

二是对于产业链较长、技术层次较高的产业来说，要相对集中布局在人才资源丰富、工业基础良好和金融环境优越的发达城市，同时允许产业同构现象存在。发达城市如上海、广州、天津、苏州等，已经开始逐步摆脱劳动力、土地等廉价生产要素的比较优势，逐步向技术、资本和管理等为依托的竞争优势转型升级。因此，对于产业链条较长、产业配套和技术层次要求较高的现代化大工业，其中主要包括电子信息产业、交通运输设备制造业、专用设备制造业、通用设备制造业、化学工业、生物医药产业和现代服务业等，应主要布局在上述城市。该类城市投资环境优越，特别是其中的人才环境、技术环境、金融环境和产业配套环境等具有突出优势，比较适合发展现代化大工业。与劳动密集型产业在城市间的布局要求不同的是，这种较高层次的现代工业允许相邻城市间存在一定程度的产业同构现象，因为在同一产业内部，产业链条的分工进一步细化，在同一产业链条中既有高增值环节，也有类似劳动密集型产业的低增值环节，而周边临近的相对落后的城市在发展低增值环节方面具有比较优势，因此相对于劳动密集型产业来说，产业层次较高的现代化大工业允许存在一定的产业重合现象。

## 三、改善城市投资环境的多样化路径

### （一）打造适宜轻工制造业发展的投资环境

中西部城市不像沿海地区那样拥有便利的港口、海运等条件，较难发展出口导向型经济。其发展的优势在于拥有丰富的劳动力资源、低廉的水电价格和广阔的内需市场，因此较适宜发展以内需型市场为主导的轻工制造业，如农副食品加工、纺织服装、建材产业等。因此，打造适宜轻工制造业发展的投资环境是中西部城市改善投资环境主要方向。

投资环境的改善措施应集中于以下3个方面:一是引导劳动力资源向城市集聚。通过发展职业教育、打造招工平台和劳动力市场等手段,逐步将劳动力由农村向城市输送,满足各类轻工制造业对劳动力资源的需求。二是降低企业的环境成本支出。轻工制造业都是传统的劳动密集型产业,平均利润率都较低,过多的环保成本支出将影响企业的生产积极性,特别是该类企业以中小型企业居多,难以以个体的力量兴建环保设施。因此,地方政府应通过设立轻工业园区的方式,对企业实行圈养,然后由政府出资兴建大型环保设施,供园区企业集体使用,一方面降低企业一次性建造成本开支,另一方面通过集约化使用来降低单位成本。三是维护当地市场秩序。该类产业以内需市场为主,为此,地方政府要积极营造有利于企业发展的市场环境,特别是在市场竞争环境和诚信环境两方面。

(二)打造适宜资源性产业发展的投资环境

资源性产业发展的前提是当地必须有相当丰富的资源作为支撑,该种类型的城市包括大庆(石化产业)、太原(煤炭工业)、钦州(造纸工业)、唐山(钢铁工业)和重庆(铝镁工业)等。俗话说,靠山吃山,靠海吃海。这些城市本身拥有优越的自然资源环境,因此对于该类城市的投资环境的改善应主要围绕本地特色资源来展开工作。

投资环境的改善工作应主要从以下3个方面着手:一是切实做好通往资源开采区的道路、桥梁等交通基础设施的建设。资源比较发达的地区,一般都位于山脉附近或者远离城区的地方,人烟稀少,交通基础设施较为落后。为此,完善地区交通等基础设施建设,意义重大。二是要注意完善下游产业配套环境。该类城市如果只靠开采资源,是难以形成自身的产业及投资环境竞争力的。因此,必须依托本地富饶的资源,不断引进下游加工企业,延伸资源性产业链条,打造资源性产业集群。如大庆不光开采原油,还延伸到石油炼化、石油化工等。三是要做好生态环境保护。

资源开采必然造成生态环境破坏，因此，企业和政府要做好各种防护措施，避免各种地质灾害的发生，如大气污染、水源污染等，更好地保护自然环境，促进城市的可持续发展。

（三）打造适宜科技型产业发展的投资环境

科技型产业的发展对技术和人才需求比较迫切，适宜发展此种产业类型的城市应具备以下几个特征：高素质人才较为丰富、拥有现代工业基础、科研院所数量较多和政府对 R&D 投入较为重视等。国内比较适宜发展科技型产业的城市主要代表城市有苏州、南京、天津、大连、武汉、长沙、成都、重庆、西安和深圳等。其中，深圳虽然本地教育实力并不强，但其对高素质人才有强烈的吸引作用，特别是湖南、湖北这两个教育大省的人才。上述城市有两个共同优势：它们都是重要的教育基地城市（深圳除外），盛产技术性人才，同时又是早期国家重点工业布局城市，现代化工业基础较好，企业研发实力较强。

此类城市应充分依托人才和技术这两大优势，将自身打造成为适宜科技型产业发展的投资环境。主要工作着力点包括，继续巩固本地教育基地地位，大规模培养适宜科技型产业发展的人才，如 IT、汽车、机械、飞机、生物等专门人才，打造独一无二的人才环境。加大政府资助型公共研发平台支持，鼓励工业企业增加研发投入，营造良好的技术环境和创新环境。研究出台政策措施，鼓励技术先进性企业进驻，保护企业自主知识产权和自主品牌，营造良好的政策支持环境。

（四）打造适宜服务性产业发展的投资环境

以服务型产业发展为重点的城市，一般都是区域性龙头城市，工业化起步早，经济实力强劲，第三产业在地区经济的比重中占据较高份额。该类型城市的主要代表有上海、北京、香港和广州等，均为国内一线城市。上述城市经过几十年的高速发展，目前已经成长为区域性中心城市，且伴随着地区工业化进程的加速，当地的服务业逐步占据重要角色，并逐步演变成为区域性的经济中心、金融中心、商贸中心和物流（航运）中心。

上述城市与国内其他城市的产业定位截然不同，其未来主导产业应是金融、商贸等现代服务业。因此，该类城市投资环境的改善方向也应主要围绕现代服务业展开，主要改善方向和重点应放在软环境方面。首先，要打造高度开放的市场环境。作为金融、商贸和物流中心，要做好对内、对外两个扇面的开放，如此才能有效发挥辐射和集聚的节点、通道作用。其次，要营造良好的诚信环境。作为商贸、金融中心，诚信环境对人气的聚集将起到深远影响。没有诚信的市场环境，商贸中心的建设将成为纸上谈兵。再次，要营造良好的社会环境和法制环境。服务业的发展将聚集更多人流，人口大量增加将对城市管理产生冲击，因此，能否为城市提供稳定的社会治安，能否为城市人员提供基本的保障，能否为社会建立正确的价值取向，都将成为社会环境建设的重任。

## 四、优化资源配置效率的区域竞争格局

经过前面三节的研究和分析，我们认识到一个地区的投资环境如何更好地进行改进和完善，应至少要对 3 个方面有充分的认识。首先，要充分认识“资源稀缺性”这一基本现实。资源稀缺也是西方经济学产生的立论基础，此处所讲的资源稀缺主要包括两层含义：一是产业发展资源的总量是有限的。此处集聚的资源多了，别处就相应少了；二是城市自身掌握的资源是有限的，无论是政策和行政等资源，还是资金和土地等资源，这个领域用多了，其他领域就会捉襟见肘。其次，要充分认识自身的“资源禀赋条件”。清晰而深入地了解自身的比较优势和劣势，是一个地区促进经济和产业发展基本出发点，我们要反对不顾地区资源条件限制，盲目大干快上，结果自身优势不但没有发挥出来，反而造成了本地经济可持续发展能力下降等一系列问题。第三，要充分认识“差异化发展”的重要性。目前，各城市的同质化发展问题非常突出，最直接的结果就是谁都做不大，谁也做不强。因此，各城市确定发展定位时要避免过度重叠，特别是产业链条短小型的产业。

对以上 3 个方面做出深刻认识后,各个城市的投资环境的改进方向和思路已经非常清晰了。城市及其产业发展的资源总量是有限的,各城市自身的资源禀赋又是不同的,因此,各城市投资环境改善和建设方向就是在资源稀缺性的大前提下,充分认识自身的禀赋条件和比较优势,有重有轻,有破有立,力争打造各城市自身的投资环境特色,从而集聚各自不同的发展资源,实现各城市间的差异化发展,最终形成资源最优化配置的区域竞争新格局。

# 第七章 NO.7 中国城市投资环境的改善

在对有关理论、城市投资环境系统、中国城市投资环境现实及其对投资影响充分认识的基础上，本章将提出改善中国城市投资环境的对策建议。

## 第一节　统一认识树立城市可持续性发展理念

“低碳经济”已经成为媒体和学术论著上最显眼的名词之一，可以说，环保问题越来越引起人们的关注，城市的可持续发展日益成为城市主体尤其政府、企业及城市居民关注的焦点问题。城市的可持续发展是一个涉及方方面面的系统工程，需要城市建设主体的密切合作和持续推动，下文将从城市规划机制、绩效考核、消费模式和产业组合等方面展开论述。

### 一、建立科学合理的城市规划及动态调整机制

中国当前的城市化滞后于工业化，城市化或城市发展会成为中国未来很长一段时间的主旋律或经济增长的重要动力。城市化或城市发展既是“工业与服务业发展的过程”，还是“土地用途不断转移的过程”，更是“农民进城的过程”。在这个过程中，如何选择适合城市发展的产业组合，如何解决进城后农民的住房、社会保障尤其子女教育问题，如何解决好城市用地和农业用地的矛盾，如何有效进行自然资源开发，如何提供有

效的公共产品,如何引导城市居民拥有良好的思想道德行为,涉及到人与人,人与物尤其人与自然的关系,决定着城市的可持续发展。很多问题一旦失误便会造成无法挽回的结果,而且这些问题具有较强的关联性,一个问题的失误会影响到甚至恶化其他相关问题,因此解决好这些问题极其重要。

为了更好地解决上述问题,应建立科学合理的城市规划机制。科学合理的规划不是政府部门或有关咨询部门关起门来搞出的结果,而是城市投资环境的建设主体政府部门、咨询部门、实体企业、金融部门、科研部门(自然)及城市居民彼此之间持续互动的结果;科学合理的规划不是一劳永逸静态不动的,而是根据城市自身的不断发展及外部环境的不断变化不断动态调整的;科学合理的规划不是相关理论或城市事实的简单拼凑,而是专业人员基于方方面面地考量把理论和现实完美结合的结果。

## 二、形成新型城市政绩考核体系

当前,针对主体功能区不同定位,实行不同的绩效评价指标和政绩考核办法,已经在各界达成共识。国家发展与改革委员会也出台了指导性文件,认为优化开发区域要强化经济结构、资源消耗、自主创新等的评价,弱化经济增长的评价;重点开发区域要对经济增长、质量效益、工业化和城镇化水平以及相关领域的自主创新等实行综合评价;限制开发区域要突出生态建设和环境保护等的评价,弱化经济增长、工业化和城镇化水平的评价;禁止开发区域主要评价生态建设和环境保护。

但是,当前由于功能分区划分及其他相关的问题,政府绩效考核还没有做到区别对待,经济增长依然是各地方考察政绩的重要依据。政府绩效考核体系是政府工作的指挥棒,尤其是在中国政府力量较大的背景下,传统的仅仅重视经济增长的考核体系对城市的可持续发展构成严重威胁。为了充分发挥城市各个空间地域的优势,促进城市的可持续发展,国家应该积极鼓励城市政府以乡、镇或街道办事处作为单位进行空间功能分区，依次划分为优化开发区、重点开发区、限制开发区和禁止开发区，对不同的乡、镇或街道办事处的政府进行绩效考核，依据一个县或区内各类不同区域的数量（可以进行加权计算，权重的计算可以进行进一步的研究）对县或区政府进行绩效考核，依次进行，逐步建立起规范、科学、合理、有各地特色的中国城市政绩考核体系。

## 三、发展生态循环产业组合

中国是一个大国，正处在工业化和城市化加速发展的历史时期，从整体上不可能不发展传统的“三高”产业，比如，化工产业、机械制造业及纸制品业，就是已经处在较高发展阶段的美国也在发展化工产业，而且其在全世界占据较高的比重，但是美国已经利用现代技术对其进行了改造，能源的消耗量、水资源的消耗量及对环境的污染均较小，同时美国的资源价格通过市场机制得到了相对合理的反映。但是，一些城市已经具备发展更高端产业的条件，这些产业也在这些城市丧失优势，可以逐步将这些城市产业转移出去，发展新型产业，那些不得不发展传统“三高”产业的中国城市应积极学习美国利用先进的技术改造传统产业，同时也要考虑到中国劳动力多的现实，逐步降低传统“三高”产业的能源的消耗量、水资源的消耗量及对环境的污染度，同时中国应逐渐改变资源的价格形成机制，使其价格得到合理的反映，通过价格的倒逼机制迫使相关企业节能节水，降低对环境污染度。

应鼓励有条件的城市，积极利用自身优势发展水能、风能、太阳能、生物质能源，安全使用核能。应积极推进制约资源循环利用的关键技术的突破，促进废钢铁、废有色金属、废纸、废塑料、废旧轮胎、废旧家电、废旧电子产品、废旧纺织品、废旧机电产品、废旧包装品、城市及各种生活垃圾回收利用，实现不同产业链条的延伸和废弃物的循环利用。应积极推进以电力交通代替传统的燃油交通，推动营运汽车、公交车甚至私家车使用清洁能源代替传统能源，以建设环保节能型绿色交通。

### 四、奉行节约的消费模式

要加强宣传,提高城市居民的节约意识。鼓励城市居民多消费耐用产品,少消费一次性产品。把节能降耗宣传纳入城市宣传部门的重大主题宣传活动。每年制订或调整节能降耗宣传方案,主要新闻媒体在重要版面、重要时段进行系列报道,刊播节能节水公益性广告,广泛宣传节能节水的重要性、紧迫性以及国家采取的政策措施,大力弘扬“节约光荣,浪费可耻”的社会风尚,提高全社会的节约环保意识。组织好每年一度的全国节能宣传周、全国城市节水宣传周及世界环境日、地球日、水日宣传活动。组织城市企事业单位、机关、学校、社区等开展经常性的节能节水宣传,把节约资源渗透到各级各类学校的教育教学中,从小培养儿童的节约意识。选择若干节能节水先进企业、机关、商厦、社区等,作为节能宣传教育基地,面向全社会开放。表彰奖励一批节能节水的先进单位和个人。

## 第二节　通力协作提高城市综合经济实力

从12个样本城市投资环境的主客观指标数据可以看出,城市综合经济实力和投资环境的差异较大而且相互关联,城市投资环境是城市综合经济实力的反映。比如,上海之所以被评为“最佳的投资环境地”,强大的经济实力是最重要的一部分,客观总量指标上,上海以1.5513分高居榜首,而第2名广州仅0.8287分,中西部城市得分均在0.5分以下。相对落后的经济实力制约着城市投资环境的改善,不断提升城市综合经济实力是优化投资环境的重要途径之一。

### 一、发挥东中西城市的互补优势

经济发展水平和市场潜力是跨国公司(尤其是市场开拓型跨国公

司）实施市场战略，对外投资的主要因素之一。城市的经济实力包括总量实力、经济质量以及流量规模和整体协调能力。总量实力是综合经济实力的重要因素，也是城市发挥集聚和扩散功能的支撑点。因此，必须确保经济发展有一个长期的较快增长速度，进一步提升城市经济在国内外的影响力和综合竞争力。经济质量是综合经济实力不断提高的关键因素。我国城市的经济质量水平主要体现在软质量方面，如科技创新能力、科技人员数量、社会环境等方面。因此，必须提升城市的科技实力，加快吸引国内外各类科技人员，推动科研机构和高校科研力量向市场化转移。流量规模在实质上、也在内容上扩张城市的集聚和扩散功能。各城市需进一步提高流量规模，主要在提高实物流量、吸引国内外资金流量、吸引科技成果和科技人员流量、吸引国内外旅游流量方面进行努力。

从提高城市综合经济实力来看，关键在于综合性，即取决于总量、质量和流量方面、取决于社会经济各产业、部门之间的协调融合。因此，必须进一步强化社会经济整体的协调、协作，整体发展，提高综合经济实力。

从客观指标可以明显看出：我国中西部的重庆、武汉、西安城市的客观总量及流量指标在样本城市中是最靠后的，这说明目前我国广大的中西部地区起步较晚，经济实力较弱，经济发展水平是制约中西部投资环境的重要因素。

由于各地区情况不同，提高城市经济发展水平的政策也要有所侧重。

1. 东部地区：发展对外贸易，增加净出口额

从样本城市来看，长三角、珠三角、环渤海是我国的三大经济区域，也是我国东部地区的三大产业带。东部地区的城市经济较发达，人均消费普遍较高，投资环境较好。在我国经济高速发展的今天，宜将消费和投资维持在适当的水平，否则盲目地拉动内需和增加投资可能会带来经济过热的负面影响。此外，虽然增加政府投资可以提高东部地区的生产总值，但是由于政府投资与东部地区的外商直接投资负相关，这种“挤出效应”会使增加政府投入的效果大打折扣。可见，增加净出口是提高东部地区

经济实力的最佳选择。

2. 中部地区:拉动消费需求,增加投资额和净出口

中部地区的地理位置、对外开放度较低、开放和创新意识相对落后及改革开放时期国家采取的对东部地区的优惠政策是其对外商直接投资利用少于东部地区的重要原因。加入WTO后,我国中部地区的开放程度和深度都有所加强,良好的投资环境、较完善的基础设施和东部地区投资的辐射效应,使中部地区的引资规模不断扩大。在国家"中部崛起"的宏伟战略和"促进内需"的政策推动下,面对瞬息多变的国际形势,提高中部地区的经济发展水平,继续拉动内需、增加投资额、促进出口都是必要的。

3. 西部地区:增加投资和政府投入

西部地区经济外向性比全国水平低,利用外商直接投资起步晚、发展慢,目前主要是政府投资和社会投资。对外资企业的吸引以本地市场开拓型、资源利用型为主,它们在选择投资区域的时候最看重的是西部的市场潜力和丰富的资源。但是,西部地区的经济总量相对东部地区来说偏小,经济基础薄弱,导致产业配套能力弱,经济发展潜力有待进一步挖掘,招商引资能力受到极大制约。因此,西部地区的各级政府在招商引资工作上要发挥积极引导作用,合理利用政策杠杆,以长远大局的眼光,充分结合西部地区的特点和自身已有的资源优势,制定促进西部地区经济发展的长远可行的规划,并切实贯彻执行,确保西部地区经济的快速、可持续增长,努力缩小与东部、中部地区的经济基础差距,营造良好的投资环境。

## 二、加快产业结构升级

新一轮产业结构调整是在全球化与技术革新的背景下展开的,其目标是从工业经济向信息经济或知识经济转变。目前,外商直接投资主要集中在制造业和房地产业,占到总量的70%以上。合理调整外商投资结构不仅可以起到调整外资流向的作用,而且对调整我国整个产业结构也

有重要作用。

1. 东部地区:提高尖端制造业和高端服务业的引资比重,充当中国城市参与国际竞争的领头羊

知识密集型高的新技术行业显示了未来经济发展的竞争力,而这些行业又恰恰是最具有外部经济效应和学习效应的。引进这类直接投资将可大大缩小我国与世界强国的技术差距,由此而获得的效益会大大超过由国内企业直接从事研究开发的效益。

通过对技术密集型产业的吸引,优化产业结构,提高整体招商引资水平,提升城市外资档次,注重科研实力的培养,重点培育具备综合竞争力的企业,营造高质量、高水平的投资环境。

近年来,服务业成为吸引外商直接投资的新的增长点。主要国际直接投资输出国的直接投资流出量中,服务业比重最大。加入 WTO 前,我国对服务业的开放程度有较严的限制。加入 WTO 后,我国承诺开放电信业、银行业、保险业和专业服务业。这 4 个领域是全球范围内投资和贸易自由化的热点领域。它们在开放后所吸收的外资将明显增多。外商直接投资的行业分布将集中于此,加上有利的产业政策的引导,将有助于外商直接投资总额增加。因此,东部地区发达城市需抓住发展机遇,提高服务业在引资中的比例,整体提升城市投资环境水平。

2. 中部地区:以外资和先进技术改造传统产业和发展高端产业,走新型工业化道路

(1)走新型工业化的道路,促进传统产业的升级改造

中部地区各省都是我国传统工业大省,要调整中部地区的产业结构就必须对中部地区的传统工业进行新型工业化改造。在现阶段,中部地区不仅要大力发展电子信息、生物工程等高新技术产业,更要注重用高新技术特别是先进适用技术改造诸如冶金、化工、纺织、机械、食品等传统产业。

(2)建立高新技术产业园,促进产业结构的调整

从总体上看,中部地区的高新技术产业规模较小、发展较慢,特别是各

省的高新技术产业趋同现象严重，大都把电子信息、生物工程、新材料、新能源作为科技发展的方向，彼此之间缺乏合理的产业分工，没有形成相互支援、相互依存的产业分工协作网络和产业集群。因此，中部六省有必要构建有差异化优势的省级技术创新体系，有重点地发展各具特色的高新技术产业。要建立起政府引导的、以市场为主体的、产学研相结合的经济科技互动机制，整合现有科技资源，赶超全国乃至世界科技先进水平，实现高技术产业超常规、大跨步的发展，进而带动整个中部地区产业结构的调整。

(3)加大开放，吸引外资，促进产业结构的调整

中部地区要实现产业结构的升级换代，仅仅依靠区域内存量资源的挖潜和政府的扶持是远远不够的，必须把自身的优势和外部的力量结合起来，实施大开放战略，加快形成外向型经济发展的新格局，通过利用外资、引进技术、共同开发等，大跨度提升产业竞争力进而带动产业结构的调整。一是积极吸引跨国公司进入国有工业企业产权改革领域参与国企的产权制度创新。应全面减少国企在竞争性产业领域的比重，扩大竞争性工业领域对外资和跨国公司的开放，提高中部地区产业竞争力；二是力争中部地区的工业产品更多进入跨国公司的全球采购配送系统。目前，大量外国跨国公司都在中国建立自己的采购供应链，包括商业性的跨国公司，如沃尔玛等，也包括生产性跨国公司，如摩托罗拉等。要抓住机遇努力使中部地区的工业产品能进入跨国公司的采购配送渠道，使一批工业企业成为跨国公司的供货商；三是积极吸引跨国公司进入中部地区工业化的支柱产业和龙头企业中，参与技术改造和产业升级，借跨国公司之力使中部地区形成一批有规模经济优势的大型工业企业或企业集团，促使产业结构的升级和技术水平的现代化；四是加大市场准入，降低门槛，利用外资促进第三产业向保险、证券、法律服务、咨询策划、网络、现代物流等新兴服务产业发展，进而提高第三产业的水平和比重。

3. 西部地区：充分利用自身资源优势，以现有大中城市为核心，逐步延伸

(1)西部地区产业调整方向

西部地区目前的产业结构未充分利用资源优势,生物资源延伸的医药原料资源、自然和民族风光延伸的旅游资源等缺乏利用,过分依赖矿产资源的重型工业结构,给环境造成了巨大压力,而且很难使居民尽快富起来。西部发展的战略重点在于提高人民生活水平、保护生态系统,因此产业发展要以生态型、富民型及特色资源型为主。

(2)西部地区高新技术产业发展与技术升级

西部整体并非发展高新技术的最佳区位,但以西安、重庆、成都等为核心的"两带一区",具有发展高新技术产业的条件,可以通过结合已有产业基础的电子信息产业、依托自然资源发展生物制药业、在军工企业基础上的航空航天装备制造业等,促进高新技术产业发展。传统产业在西部地区占有很大比重,但产业竞争力不强,主要由于产业技术落后,因此目前技术升级的主要目标是利用高新技术促进传统产业产品升级、改造生产技术以提高生产效率和产品质量、优化产品生产销售的环节,促使西部与东部形成产业具有梯度差、技术水平上保持一致的格局。

(3)西部地区产业结构调整内容

西部地区产业结构调整着眼于以下 3 个方面的内容:一是发展国家扶持的产业部门,发挥在全国地区分工体系中的作用。发展能源与矿产资源的开发、加工利用(石油、天然气、煤炭、水能的开发,石油和煤炭化工,高耗能的有色冶金与基本化学工业等),特色农业基地建设及农业产业化引导的特色轻纺工业(食品、纺织、皮革制品等工业),以医药工业为主的生物资源开发利用以及旅游业;二是面向当地市场需求所形成的产业或部门,如粮食、饲料、畜牧业、金属品加工业、日用化学工业、服装业、办公与文化用品等;三是通过技术升级来实现技术对经济的拉动作用,通过部分重点地区、产业园区发展高技术产业。

## 三、打造中西部中心城市

尽管总体上看中西部地区的城市发展较为落后,开发程度较低,但其资源丰富,幅员辽阔,企业普遍存在着技术、设备落后及产品层次低的问题,但随着我国城市化进程的不断加快和国家政策的倾斜,广大的中西部地区有着巨大的发展潜力。

打造中西部中心城市,以重点城市带动周边城市,培育"发展极",以点带面,带动中西部地区走向繁荣。目前也已经产生了许多中心城市,如重庆、西安、武汉、成都、长沙、郑州等地形成了一定的发展极,其向心作用和扩散作用都是巨大的。与其他地区相比,这些城市经济基础雄厚且发展较快,基础设施日趋完善、资本供给充足、自我累积能力较强、人力资源丰富、技术实力强,在未来这些中心城市将是重要的发展支点和辐射点,并通过扩散作用带动周边地区吸引外资和经济发展。因此,在优化中西部地区的投资结构方面,在很大程度上也是继续加快这些开放城市吸引外资的步伐,从而带动中西部地区的全面繁荣。

## 四、加强区域间经济合作

未来的城市将逐渐向城市群演变,区域间的合作与交流,将会促进城市的更好发展,有利于资源的集约利用。从长三角、珠三角、环渤海、中西部的 12 个样本城市来看,各城市或多或少都形成了自身的竞争优势,在区域间合作方面,更应该根据区位优势、产业结构、经济实力、宏观政策等特点取长补短、加强合作。

1. 长三角地区需要向聚集和扩散两个方向同时发展

长三角地区下一步的发展将面临着聚集效应和扩散效应同时进行,即聚集更高级的经济发展要素,发展更高端的产业,经济增长的知识含量进一步提高;同时转移不再具备发展优势的产业,一些发展要素向其他区域外溢。扩散效应是长三角地区经济发展到现阶段所面临的必然选择,只要以更高级的聚集效应加以衔接,则会实现经济结构的优化。同时,强化上海等主城区综合服务功能、加快优化功能布局、提升大城市综合实力、提升长三角地区经济聚集辐射能力、提升上海等大城市在长三角发展带和城市群中的合作发展能力。

2. 珠三角地区应向高技术和服务业转型

珠三角地区是我国经济开发的先行者，具有丰富的经验和创新能力，应该积极开拓、不断提高区域竞争力。近年来，受外需减缓，人民币升值、退税政策调整等多方面因素影响，珠三角地区出口形势严峻，出口形势的急剧变化，凸显了珠三角产业国际竞争力总体上还不强的现状。在国内外产业竞争日趋激烈的背景下，需要加快经济战略调整升级的步伐。该区域今后重点以发展先进制造业、现代服务业、高新技术产业为主。其中，服务业将在珠三角地区完成产业升级过程中承载重要使命。当前，服务业正成为新一轮国际产业转移的热点，未来几年全球服务外包市场每年以30% ~40%的速度递增，而珠三角地区雄厚的经济实力和制造业基础为承接上述产业转移提供了竞争优势。

3. 环渤海地区应充分发挥其人力科技资源优势

环渤海经济区正处于我国向以创新为主导的经济发展方式的战略转变，环渤海最大的比较优势在于其拥有我国科技创新能力最强的北京，天津的科技创新水平也较高，只要科技创新能有效地与一、二、三产业以及其他经济活动相融合，环渤海地区发展的道路将是可持续的、富有成效的。各方只要能够在产业、科技等经济社会的各方面实现合理的分工合作，有效竞争，形成发展的合力，环渤海地区必将凸显后发优势。这是环渤海确立和依循高科技含量、高附加值增长和可持续发展道路的主力。

4. 中西部地区应充分利用“中部崛起”、“西部大开发”等国家战略

伴随着改革开放的春风，我国东部沿海地区先行发展，取得了瞩目成就，但随着各生产要素的价格提高与用地紧缺等瓶颈因素，中西部地区的发展就显得极为迫切，中西部地区成为我国发展最具潜力的区域之一。中央先后提出了“西部大开发”和“中部崛起”两大战略部署，以及“扩内需”的发展战略，中西部已经成为东部沿海区域产业转移的重点。就投资环境来看，中西部地区投资环境仍落后于长三角、珠三角、环渤海地区，

但得到了很大程度的改善，发展势头也比较迅速，有望成为我国城市的后起之秀。

## 第三节　整合资源降低营商成本

由于原材料的大幅上涨，人力资本的不断提高，导致营商成本不断攀升，珠三角地区从初期依靠大量低廉成本发展起来的劳动密集型产业已经衰退或正向中西部地区转移，而中西部地区幅员辽阔，资源相对丰富且成本低廉，但基础设施不够完善，物流成本偏高，政府效率较低，行业垄断现象普遍存在。

### 一、破除行业垄断，降低营运成本

尽快打破行业垄断，按照价值规律、供求规律、竞争规律的要求推动规范、有序的市场体系的形成，制定有利于提高竞争效率的市场规则，为企业发展创造公平的竞争环境，政府当前特别需要在以下几个方面做好工作。

(1)根据垄断行业的不同特点进行分类指导，分别采取放松管制和引入竞争的方式。对自然垄断行业要逐步放松或解除管制，放松或解除管制的重要途径是让新企业进入该行业，形成有序的竞争局面。对行政性垄断和市场垄断应该强制性进行改组。在我国，真正的市场垄断还没有形成，当前和今后一个相当长时期的主要任务是解决行政性的行业垄断问题。具体解决方式和途径有两种：一是拆分；二是对两个或两个以上的行业性公司的业务进行重组。

(2)培育市场主体，规范企业行为。企业作为市场经济的主体，作为市场秩序的主体，作为市场经济这个大竞赛场上的“运动员”，要遵守规则，行为规范，前提是必须具有长远发展的眼光和动力，有“长久参赛”的决心。现在我们的不少企业短期行为严重，一些小企业只图一时赚钱快而制假售假、不讲信誉，一些国有大企业也存在“短视”的问题，影响就更为严重。究其原因，在于市场主体意识不明确，政企不分，没有真正建立起产权清晰、自负盈亏、自我发展的企业机制，也没有一套有效的企业家激励和约束机制。缺少了长远发展的动力和压力，市场规则的约束力也就大为削弱。所以，当前除了坚决依法严厉打击那些形形色色制假售假、违法犯罪的企业，还要致力于设计一套有利于企业长远发展的制度环境，如鼓励创业，依法保护各种所有制企业的合法权益，加快产权清晰、权责明确、政企分开、管理科学的现代企业制度的建立等，以此打下企业重视市场规则、立足长远发展的制度基础。

(3)营造公平竞争的市场环境。只有给每个参与竞争的主体以公平竞争的机会，才能实现优胜劣汰，确立市场规则，才能真正建立起统一、开放、竞争、有序的市场体系。但是，目前不同程度地存在着行业垄断，割裂了市场，限制了公平竞争，也破坏了市场秩序。我们必须在立法、执法和政府职能转换上有大的动作，下决心拆除各种分割市场的“篱笆墙”，充分体现公平竞争的原则，让各种商品和要素在全国统一的市场内真正形成自由流动。

(4)创新机制，加大对民间投资的启动力度。通过改善垄断行业的“进入管制”，降低垄断行业的准入门槛，分清什么是所谓的“自然垄断”行业，将竞争性行业(比如金融业)向民营企业开放，创造公平的市场竞争环境，完善市场的竞争机制。

## 二、进一步改善融资环境

在中国日益融入世界经济的大背景下，金融业的发展滞后是中国经济发展的一个短板，目前在新的形势下，探索建立现代信用保证制度，切实改善融资环境就更是当务之急。

(1)建立广泛覆盖的企业信用体系。探索建立全市包括信用纪录、信用征信、信用评介和信用担保在内的政府部门间联合信用体系，并充分利用计算机网络等先进技术和现代化工具,把企业信用建设同企业纳税信用、财务会计信用、个人信用体系建设及公民道德建设有机地结合起来;还要在制定和完善相应法律规范的同时,逐步建立信用发布、信息共享、网络化、制度化的企业信用体系。

(2)继续完善信用担保制度和运行方式。积极借鉴国际上通行的政府政策引导与市场化运作相结合的信用担保机制,进一步扩大担保资金来源,调动包括政府资金和民间资金、国内资金和国外资金在内的多方面资金共同参与信用担保的积极性,以便从根本上缓解有发展前途、有信用条件的中小企业所面临的贷款难、担保难问题。

(3)针对目前中小企业融资难的现状,建立包括信用担保、中小企业资信评价、贷款信息咨询等在内的融资服务体系,使投融资市场能更好地满足不同融资主体的资金需求。

(4)加强资本市场和货币市场的建设,规范证券市场的发展,进一步扩大证券市场规模,发挥证券市场的结构调整功能,建立风险投资机制,有效解决高新技术企业融资难的问题;加强国内资本市场与国际资本市场的接轨,推动我国企业到海外上市。

(5)政府要充分发挥对投融资市场的引导作用,使得资金投向符合国家产业政策和地区发展规划;要保持引进外资政策的连续性和稳定性,改善外商投资的"软环境"。

(6)金融机构要提高金融服务意识,改善金融服务,增强市场营销观念,要加快金融创新,不断改进融资工具、融资方式和融资手段,提高融资效率。

### 三、提高海关通关速度

要充分认识提高海关通关速度对改善两地投资环境的重要作用。近年来,高新技术产业快速增长,跨国公司的大规模进入,已经成为两地经济增长的主动力。以低成本为目标和成熟技术为背景的大规模、标准化生产模式随之转变为以用户为主、非标准化的柔性生产模式，这一生产方式的变革，向传统的海关通关方式提出了挑战，也提出了实时优化的要求，要求整个组织、运行方式和管理体制都要随之发生很大的变化，特别是对通关效率要求要具有高效率。为了适应新经济的发展，需要在WTO的制度框架下，改革海关的通关模式，提高对新型产业发展的适应力，保障外来直接投资者能够进行正常生产经营活动并实现有利可图的目的。

（1）运用科技创新，提高海关通关效率。通过加大科技开发和应用力度，进一步提高口岸的通关效率。主要是进一步推广、完善公路口岸边检“快捷通”系统和海关“电子自动核放系统”建设速度，依托科技提高效率并完善监管，尽快实现全程电子通关模式。同时，加强口岸信息资源整合力度，进一步加大深圳口岸通关管理的信息化建设力度，实现通关凭证电子化，建设、扩充完善以现有电子口岸系统为基础的统一数据处理平台，形成标准统一的口岸通关信息化服务体系。

（2）坚持体制创新，构建新型口岸查验模式。在口岸作业改革方面下功夫，通过体制创新加强“软件”建设，提高通关效率。推广应用“提前报检、提前报关、集中申报、现场验核”的通关模式，把口岸查验单位接受报关、报检的时间前置。要继续加强关、检合作，提高查验部门协作联动效应，积极推动海关、检验检疫等口岸单位通过签订合作备忘录等形式，与企业以及口岸等相关部门建立合作伙伴关系，将“关检合作”向一次申报、一家取样、一家化验、结果共享方向发展。对海关和检验检疫分别予以查验的货物，尽可能实现两家同时到场，共同查验，并完成现场监管任务，减少移柜、开柜、卸货的次数，减轻口岸压力，减少企业负担，提高通关效率。

## 四、合理调控劳动力成本

随着经济的日益发达和生活指数的逐步提高，劳动力成本逐步上升正在成为影响该地区投资环境的主要因素。为此，需要合理调控劳动力成本，使总体的工资增长的幅度与经济增长速度相适应，同时继续保持两地对高素质人才的吸引力。

（1）区别对待，合理调控薪酬标准。一是做到一般劳动力工资成本与周边城市和国内其他大城市大体相当；二是管理人员、专业人员和高科技技术人员的工资水平要与国内经济发达城市薪酬水平相适应，保持对高素质人才的吸引力。

（2）提高职工最低工资标准。企业在经济效益比上年增长并合理控制人工成本的前提下，按合理比例增长工资。

（3）限制垄断性行业工资增长幅度。由于部分依靠国家特殊政策的垄断性行业的职工工资过高，为了缩短行业间工资差距，控制该类企业产品的成本和价格，应限制这类企业工资增长，并加大力度对这类企业工资分配的监管。

## 五、积极减少各项审批成本

在各项成本因素中，外资企业所需的熟练劳动力及外向型、复合型专业人才，在中西部地区的获取成本明显高于中部地区，而且我国目前土地出让多是一次性收缴有偿使用费，使得实际上的中西部地区劳动力成本和土地成本优势并不存在。但是中西部地区的交易成本却明显偏高，相对东部地区来说，中西部地区的审批事项仍然较多，所需时间较长，加大了投资者的成本费用或投资风险。因此，中西部政府要建立高效廉洁的政府和规范透明的法律政策。一是要坚持依法行政，积极营造亲商、重商、便商和利商的商务环境。规范行政行为，进一步增强政府行政行为的透明度，实现政府决策透明、办事程度透明，积极营造公开、公平、公正的政府服务环境。二是降低政务成本，减轻企业负担。简化审批程度，简化审批环节，缩短设立时间，在不违背国家有关政策的前提下，允许企业自行确定项目的勘测设计和建设施工招标投标，提高企业设立时效，缩短企业建设周期，使企业早开工、早生产、早经营、早盈利。三是规范行政性收费,降低收费成本。

### 六、形成多元化的城市投融资机制

首先,加大政府财政投入,是城市投资体制改革的一个最主要环节。政府投入在城市建设的融资渠道中是最安全、最稳定的。政府投入是城市发展的重要保证。其次,吸引外资对城市建设和城市空间扩展也起到重要的作用。通过对外开放,吸引外资还可以加快城市与世界的接轨,实现城市职能国际化。再次,可以吸收部分条件较好的内资企业投资。在发展城市建设的同时可以壮大民族产业,为我国经济发展提供持续的动力。最后,有条件的地方也可以吸收一些个人投资。吸收个人投资的优势在于,个人投资者更关心资金的流向,起到一种自发的监督作用。

## 第四节　多方着力规范政策法规环境

从投资者对各地政策环境指标评价来看,城市间差距是相当明显的。总的来说,中西部和珠三角地区的政策环境明显缺乏竞争力,主要表现在社会治安情况差,民众生活素质及文化水平程度低、法制意识薄弱、市场规范缺乏规范性等,这也是我国城市迫在眉睫,亟待解决的问题。

### 一、大幅度拓宽企业投资领域

东中西部地区在投资环境方面的根本差别之一就是市场化程度的差别。因此,中西部地区要增强对外资的吸引力,就必须加快开放力度,加快市场化进程。

对于中西部地区城市而言,首先,政府应进一步开放中西部市场,不仅对外商开放,而且对民营资本开放。在金融保险、电信、石油勘探开发、天然气开发与输送、电力等领域加大开放力度,减少外商及民营资本的进入限制;其次,中央政府和地方政府应优先进行制度创新,出台有关外商直接投资的一系列新的政策规定，其中包括土地使用权的相关规定、信贷方面的配套优惠措施、对高新技术项目的优惠政策、税费方面的相关政策等，加大对中西部地区的政策倾斜力度。仅仅进行一般性的政策倾斜，或给予与沿海地区同等的优惠政策是远远不够的，必须加大其吸收外商投资的政策倾斜度，以良好的政策环境促使其内在的潜力得以充分发挥。最后，建立完善的市场体系，疏通各种流通渠道，搞好政府有关利用和吸引外资的相关服务和对外宣传，减少跨国公司直接投资的外部不确定性和信息成本，为跨国公司直接投资提供良好的市场环境。

要解决企业平等进入投资市场的问题，应当制定统一规范的市场准入办法。原则上凡是竞争性产业，都应当允许各类企业进入；仍需由国有经济主导或控制，但也需要在一定范围、一定程度上引入竞争机制的某些传统的垄断经营产业，也可以采取适当的方式允许各类企业进入。一是必须统一市场准入的价值标准。对外来资本的进入一视同仁，必须遵守国家有关法律法规，符合国家产业政策在规模经济标准、质量技术标准、环境保护标准，以及城乡建设用地规划等方面的要求，不允许危害社会公众利益。二是实行公平的国民待遇，将对外开放与对内开放处在同等重要的位置，把对外开放的承诺作为对内开放的“底线”，颁布引导投资方向的新的指南，保障所有投资者都能享受国民待遇。

### 二、破除市场融资的所有制歧视

城市需要建立和完善多层次信贷与担保体系，向企业提供多层次全方位的金融服务。由于大中小型企业对信贷商品与担保的需求多层次，要求银行体系与担保组织结构也应当多层次，因此，必须构造多层次的金融服务体系以适应多样化的信贷和担保需求。构造“大中小型银行共同发展，国有、外资与民营银行互为补充，跨国、跨区与区内银行有机分工”的多层次银行体系，解决中小企业信用贷款担保问题，形成全方位、多层次的高效担保服务体系。

此外,需要建立多极化的股权投资机制,为企业提供风险或创业投资支持体系。一是以企业投资为主体,完善风险投资机制,加速制定相关法律法规,规范与完善风险投资的市场行为,鼓励政府、国企、外资、民营、个人多元股权投资主体的参与,建立起以企业为主体的风险投资运行机制,使处于创业期或成长期的中小科技企业可以得到种子资金等关键性的资金支持。二是完善产权交易规则,开辟风险投资多种退出通道。在明晰产权的基础上,建立和完善有关收购兼并的法律法规,使之成为风险资本退出的重要通道,同时建立多层次的股权交易市场,为风险资本退出提供通道。

### 三、完善企业投资服务环境

改革投资管理方式,实施投资主体多元化、审批方式科学化、项目业主竞争化为主要内容的投资管理方式,创造平等竞争的规则与条件。一是完善投资引导机制,合理调节投资方向。采取信息引导、技术引导与资金引导等一系列措施,运用各种政策组合与政策杠杆,引导民营投资的合理流向。二是完善投资促进机制,有效激励企业持久的投资动力。为了充分调动民营投资者的积极性和创造性,应当根据不同产业的收益或回报状况,出台一系列有效的投资激励措施。三是明确私人财产与国有财产享有同等的权利,允许各类企业享有国民待遇。认真清理歧视性政策法规和规章制度,建立一套全国性的、不分所有制的权益保护细则。四是强化政府的投资信用约束制度。一方面通过公开招标选择基础设施、建设用地,以及国有企业的承包、租赁等方面的投资经营商,避免黑箱操作带来的不平等投资竞争;另一方面要出台有关特许投资经营的专门法律,用法律约束政府与投资经营者的权利与义务,不允许任何行政的力量打破平衡,单方面中止或废除投资经营合同。

由于我国中西部地区引进外资还处于初级阶段,应充分认识到加强基础设施建设和营造良好的硬件环境对中西部地区引进外资的重要性。

同时,中西部要把投资硬环境的改善和软环境的改善结合起来,加快提升西部地区对外资的吸引力。国家在给予中西部外商投资更多政策优惠的同时,应加大对中西部地区大型基础建设项目投资的财政支持力度。加强公路、铁路、机场等基础设施建设,迅速改变在信息技术和相关配套设施上的落后状况。同时也应鼓励外商投资于中西部的基础设施,一是中西部应尽快制定吸引外商和民间资本进入基础设施禁设领域的政策法规;二是中西部应积极利用BOT等投融资方式吸引外商进入基础设施建设领域,这些措施能利用外商直接投资来加强和促进中西部基础设施建设。

在投资软环境方面,要加快国内市场的统一,实现区域在引资过程中的合理分工,避免重复引进。国内市场不统一是我国市场化程度东高西低进而造成引资东高西低的重要原因,中西部地区可以首先在区域范围内实现市场的统一,然后再向全国推进。

## 四、推进依法行政工作

依法行政是现代行政管理的重要方式,是解决目前我们面临的各种错综复杂矛盾的有效途径,也是建设廉洁、勤政、务实、高效政府的根本要求。依法行政是依法治国方略的重要组成部分,其基本要求就是所有行政机关及其工作人员必须依照法定权限和程序履行职责,既不失职,又不越权。各级政府和政府各部门都要善于把依法行政的基本原则和要求,贯穿、渗透于改革、发展和稳定的各项工作中去,善于运用法律规范与法律原则,处理和解决政府工作中的各种实际问题。

(1)依法行政首先是对各级领导干部的基本要求。领导干部依法行政,是党的方针、政策和国家法律得以很好贯彻的有力保证;否则,就会给国家和人民利益带来极大危害。各级领导要切实负起责任,带头依法办事,树立榜样。同时,要加强对依法行政的领导,督促和支持本地方、本部门依法行政,使各级政府机关、每个行政工作人员都切实做到依法办事。

各级政府领导干部和所有机关工作人员，都要认真学法，做到知法、懂法、用法，不断提高依法行政的意识和水平。在发展社会主义市场经济的条件下，一个称职的领导干部，不仅要具备较高的政治素质，较强的业务能力，还应当具备良好的法律素质。

(2)依法行政必须进一步深化行政管理体制改革。制订新的法律、法规要全面体现政府机构改革的精神和原则，促进政府职能切实转变到经济调节、社会管理和公共服务上来。对不符合市场经济要求和行政管理体制改革精神、原则的法律、法规、规章，该修订的要修订，该废止的要废止。改革现行的行政审批制度，是深化行政管理体制改革、进一步转变政府职能的突破口。各级政府和政府各部门对此都要高度重视，统一思想，按照党中央、国务院的部署，大力压缩、减少行政审批，尤其是政府对经济事务的行政审批；按照精简、统一、效能的原则改革行政体制。

(3)依法行政，必须强化对政府权力的制约监督机制。依法行政要正确行使权力，防止滥用权力。要充分发挥新闻舆论的监督作用，切实加强行政系统内部的监督。当前，要在提高行政执法的公开性、透明度上下工夫，真正把行政执法置于人民群众的监督之下。要按照党的十五大的要求，建立和健全行政执法责任制和评议考核制，对有法不依、执法不严、违法不纠、执法犯法、甚至徇私枉法，造成严重后果的，不仅要严肃追究直接责任人的法律责任，还要严肃追究有关领导干部的行政责任；构成玩忽职守罪或者其他罪的，要依法追究刑事责任。

(4)依法行政，必须牢记“为人民服务”的宗旨，运用法律手段，强化政府的监管职能。各级政府和政府各部门都要把人民群众的根本利益作为一切工作的出发点，切实解决人民群众普遍关心的热点、难点问题，当前要做好以下3项工作：一是切实加强社会治安工作，全力维护社会政治稳定；二是大力整顿和规范市场经济秩序；三是运用法制手段，严格实行安全事故行政责任追究制度，从制度上、机制上防范安全事故的发生。

## 五、改善社会治安环境

珠三角地区和中西部地区的城市社会治安在评价中属于较差水平，治安问题会影响到投资者的信心，应该引起政府的高度重视。珠三角地区外来人口多，流动人口多，治安压力大，需要不断加强抓社会治安的工作力度。对此，需要保证一线警力。广大中西部地区社会治安缺乏规范性，需进一步加强体制改革，提高人员素质，创造和谐、稳定的社会氛围。

## 六、加强知识产权保护

近年来，随着各地大力发展高新技术，智力成果商业化程度和自我保护意识更高，知识产权的保护越来越受到社会各界的广泛关注，知识产权案件数量也成倍增加，维持严格按照 WTO 规则和我国法律的规定，对中外当事人的知识产权一视同仁、平等保护。两市需要强化知识产权的侵权处罚制度。加强知识产权保护对于企业的投资权益至关重要。虽然我国知识产权保护体系已基本建立，但在执法以及侵权赔偿等方面的制度还很不完善，需要进一步完善知识产权保护的法制环境。加强知识产权所有者权益包括知识产权股份权益的保护，维护知识产权交易程序，加大对侵权、假冒、盗版的打击力度，坚决查处和制裁各种侵权行为，及时有效地处理知识产权侵权和纠纷案件。

## 七、破除户籍制度障碍

一是允许非城市户籍人口根据自身条件（习惯偏好、资本、受教育程度）自主选择进入哪一级城市就业和生活。城市化进程中的非户籍人口是一个有理性的群体，从农村向城市流动从整体上来说并非盲目。我国农村人口的迁移同样遵循着世界城市化进程中的一个普遍规律——从农村到城镇、从城镇到中小城市、从中小城市到大城市、从大城市到特大城市。二是建立城乡统一、各类主体权能统一的户籍管理制度。取消城镇户口附着的某些特权和利益功能，取消中国特有的农业户口和非农业户口的规定，使城乡人民在户口面前人人平等，建立统一的中华人民共和国公民居住证，消除过高的经济壁垒，促进人口的自由流动，进而加速城市化进程。三是突破以户为中心的静态管理，建立以人为核心的动态管理：以户口登记与人口登记并存，以人口登记为主；以静态管理和动态管理并存，以动态管理为主的双轨制，逐步走向以人为中心的单轨制。四是提高户籍管理的规范化、科学化、现代化水平，如开发户籍管理的电脑软件，提高业务人员素质，完善户籍管理规章制度，让户籍制度早日走入法制化进程。

**案例 7－1：忍痛割爱，大力取消收费——重庆、山西采取切实措施改善投资环境**[①]

地方性收费不仅是管理上的，也是地方许多部门或财政收入的重要来源。因此，对于如何规范行政收费，涉及各方利益，也有如何把握合理收费还是乱收费、“杀机取卵”还是“放水养鱼”的尺度问题。

1999 年，重庆合川市在行政收费方面，加大整顿力度，一次性废止、取消收费 350 项，并实行行政事业性收费及罚没收入收缴分离和招商引资“一站式”办公制度。此举为本市招商引资树立了新形象，受到了外来投资者的欢迎，2000 年上半年，全市协议引资已超过了 10 亿元。

乱收费一直是妨碍合川市对外招商引资的顽症，过去常有外来企业因此撤资走人。为规范管理，杜绝乱收费行为，树立良好的形象，合川市 1998 年对全市行政事业单位的账户进行了全面清理，结果发现全市 300 多个行政事业单位在银行开的户头多达 1400 多个，有的单位一家就有 10 多个账户。1999 年初，合川市委、市政府连续下发文件，一次性废止或取消了 30 多个部门的 350 项收费，同时要求城建、房管、国土等涉及收费项目较多的部门进入统一的收费大厅。有力的措施，带来了可喜的成果。

---

① 付晓东、胡铁成，《区域融资与投资环境评论》，商务印书馆，pp：432－433。

无独有偶,从国务院减负办获悉:1999 年 8 月,山西省委省政府加大减轻企业负担力度,整顿企业经营环境,废止第二批 826 项不合理收费。这次废止的都是行政事业性收费和基金项目,其中省定的收费项目为 12 项,地市县自定收费、基金项目 814 项,涉及 10 个地市的 100 多个县、区。山西这次废止的 12 项省定行政事业性收费和基金项目主要包括:外商投资企业和外国企业税务登记证及副本费、机动车污染物排放检测费、干部退休证书、公厕服务费等,涉及税务、环保、人事、工商、物价、公安、城建、交通等 8 个部门。废止地市县自定收费、基金项目 814 项,包括煤炭价格稽查费、煤气建设集资费、气象费、占道费、人工降雨费、殡葬服务费、唱戏服务费等,几乎涉及各个行政事业部门。山西省明确规定,对这些被废止的收费项目,公民、法人和其他社会组织有权拒交。据测算,山西省废止这些收费和基金项目后,一年可减轻企业社会负担 2. 8 亿元。

## 第五节　强化自主创新提升竞争力

随着我国城市整体竞争力水平的不断提高,尤其是沿海发达城市不再将低廉资源和劳动力作为投资环境的核心竞争力,产业结构也逐渐由劳动密集型转向资金密集型、技术密集型的现代产业体系。因此,加大创新力度,提升自主研发能力已成为优化现代投资环境的重要组成部分。

### 一、加强科研人才队伍建设

一是加强高校能力建设,注重能力培养,为各行各业输送新鲜血液。二是结合城市产业结构特点,明确其在创新人才培养、知识创新、产学研合作中战略定位和特色,加快高校在城市重点领域的学科建设。三是做好人才的留守工作,防止专业人才的流失。

具体做法可以通过优厚政策来吸引和留住人才,如高薪、高福利政策,提供必要的国外培训机会,实行开发成果与经济效益挂钩,做到多开发、多收益，使科技人员的报酬与他的贡献和市场价值靠近。再者就是采取技术入股等办法，允许知识、发明、创造化为股份进入企业参与分配。另外，加大教育投入，对职工进行职业技术、企业管理知识和科学技术知识等方面的培训，提高企业科技人员素质，从根本上解决人才缺乏的问题。最后是各级政府要畅通引进人才的信息和渠道，在引进人才的资金、待遇方面给予支持。

## 二、建立健全公共技术服务平台

一是要建设以企业为主体、市场为导向、产学研相结合的技术创新体系，引导和鼓励企业开展产学研交流与合作，从松散型、不定期、随机型交流与合作转化为经常性、规范性、稳定性的交流与合作，培育一批具有鲜明特色、市场竞争力强的高新技术企业和产业集群。二是建设社会化、网络化的科技中介服务体系，积极引导科技中介服务机构向专业化、规模化和规范化方向发展，建立健全各类专业创业服务中心、生产力促进中心等机构。三是要搭建好 3 个公共技术服务平台，即大型科学仪器、专利、标准、科技信息数据库为主的资源共享平台，科技成果转化园、特色科技产业园为主的科技创业平台，科技洽谈会、科技成果发布会、企业院校行等活动为主的技术交流平台，为自主创新架设桥梁纽带。

## 三、鼓励企业加大研发投入

出台企业扶持及奖励政策，鼓励企业提高投入比例，培育并推动科技中介组织从事技术开发和技术转让。只要相关企业的研发投入达到一定比例，将享受应缴税费和立项、申报等方面的大比例优惠或优先权利。一是对于企业研发投入占产值达到一定比例的企业，政府要给予奖励。二是企业在开发新技术、新产品、新工艺过程中发生的研究开发费用，未形成无形资产计入当期损益的，在按照规定据实扣除的基础上，可按研究开发费用的一定比例加计扣除。三是对单位和个人从事技术开发、技术转让业务和与之相关的技术咨询、技术服务业务取得的,给予收入免征营业税等奖励。四是对研发投入占比达到有关规定的企业,市级科技计划等项目优先予以立项和资助,优先推荐申报国家和省级科技计划项目,优先评定和推荐各级创新奖项。

**案例7-2:江铜集团以技术创新提升竞争力①**

有色金属行业“调结构”的主攻方向是要按照产业高端化、高附加值化和低排放、低消耗的“两高两低”要求,提高资源配置效率和可持续发展能力。而要实现这一目标,有赖于企业自身创新能力的提升。

江铜集团是我国规模最大的上下游一体化的铜生产商,通过狠抓技术创新,优化了产品结构,实现了快速发展。2009年、2011年,江铜先后成为“国家创新型企业”和“高新技术企业”,可享受连续三年减免10%的企业所得税优惠。

江铜拥有国家铜冶炼及加工工程技术研究中心、国家级企业技术中心、博士后科研工作站和院士工作站四大国家级科研平台,并形成了以高档铜加工产品铜箔、铜管、漆包线、铜板带等为主的高新技术产品生产研发基地。通过这些平台,公司对标国际一流企业,每年投入10亿元以上,用于技术进步、技术改造和科研开发,成功攻克了“高电流密度银电解工艺的研究与应用”、“硫铁矿资源综合利用研究与应用”等一批采选冶技术难题,取得了铜加工关键技术的突破。

江铜还依靠自身的技术优势和影响,成功争取了多项国家重大科研项目,先后承担了国家高技术产业化示范工程“有色金属闪速冶炼过程综合自动化系统高技术产业化示范工程”、国家科技支撑计划“铜工业产业化重大关键技术攻关研究”、国家863项目“磁浮动力轨用铜铝复合接触线国产产业化研究”及“原生硫化铜矿表外矿生物堆浸工程技术”等项目。

---

① http://www.chinadaily.com.cn/micro-reading/dzh/2011-04-29/content_2463701.html.

江铜科技开发部部长蒋卫东告诉记者，“通过做这些项目，不仅解决了一些制约我们公司，同时也是我国铜工业发展的技术‘瓶颈’问题，而且标志着江铜研发实力获得国家层面的认可，这也是对我们公司创新工作的最大鼓励。”

据悉，“十一五”期间，江铜共获得国家授权专利 430 项，其中发明专利 15 项，2 项科研成果《电能质量先进控制方法与装备及其工程应用》、《尾矿坝灾变机理及综合防治技术》获“国家科技进步二等奖”。

目前，该公司低品位露天铜矿的综合开采技术、湿法冶金和硫化提铜技术处于世界先进水平，闪速炉作业率、总硫利用率等 7 项冶炼指标达到世界先进水平。其冶炼技术先后在金川公司、铜陵公司、山东祥光等国内铜企业得到推广应用，并且输出到巴基斯坦山达克铜金矿、泰国罗阳铜冶炼厂、赞比亚谦比西铜矿等国外铜企业，扩大了我国铜工业的国际影响。

在新产品的研发上，江铜也取得了很多突破。今年年初，江铜依托国家科技支撑计划《4000 吨/年高档电解铜箔生产技术研究》项目研究平台，与江西理工大学合作，成功研制出以铜箔作载体的可剥离超薄铜箔及其制备方法，并申请了国家发明专利。

铜箔以微米为单位计算厚薄，越薄技术要求越高。由于 9 微米以下超薄铜箔在拿取上较困难，因此一般它都有载体作为支持。

“以前，在制备和使用复合箔的过程中，极薄铜箔很容易从载体上脱落，或者难以剥离。我们经过反复试验，用新研究出来的方法制备的超薄载体支撑电解铜箔解决了这些难题，而且可保证铜箔表面光亮干净。”江铜耶兹铜箔有限公司总经理徐建芳说。

这项技术的研发成功，标志着江铜铜箔新产品研发技术达到国际领先水平。该项制备技术获得国家专利后，即可实现规模化生产，可应用于制造高密度印刷电路板。

此外，江铜成功研制的高纯金（纯度 99.999%）产品填补了国内空白；“提高硫精矿品位工业试验研究”使硫精矿品位从 25% 提高到

49.66%，制酸后硫回收率达到95.42%，烧渣含铁64%以上，成为铁精矿产品直接外销，创造了良好的经济效益。

另据了解，江铜通过推广职工自主管理模式、引入首席技师制度等，坚持不懈地开展全员技术创新活动，涌现出一大批技术高、业务精的技术尖兵。近年来，江铜职工共发布自主管理成果数千项，解决了日常工作中生产技术、成本控制、设备维护等方面的大量疑点难题，创造经济效益上亿元。

## 第六节　转变政府职能提高行政效率

政府效率是投资软环境中的重要组成部分，最直观的表现就在招商引资上。从城市投资环境评价中可以看出，长三角地区和环渤海地区的政府效率普遍较高，而珠三角地区及中西部地区相对较低，主要受行政管理体制落后、部门利益和传统观念等多种因素的影响，审批事项多、环节多、时间长，政府效率低的现象仍然存在。同时，我国加入WTO，经济全球化的趋势和更加开放的国际经济竞争环境将使我们面临更加严峻的挑战。为此，需要进行新一轮审批制度改革，加大政府职能转变力度，切实提高行政效率，优化投资发展环境，加快与国际通行规则接轨。

### 一、改变政府定位构建服务型政府

进一步深化改革，政府职能要合理进退，使政府集中精力搞好经济社会规划和公共服务。强化政府宏观管理职能，弱化微观管理职能，转化社会管理职能。从培育和维护有效率的市场环境的角度来看，政府应当在已有的职能转变和机构改革的基础上，将其发挥作用的重点放在如下一些方面。

(1)解决政府与市场的关系问题。正确确定政府在开放的市场经济中的定位，加快国有经济布局的战略性调整，明确、分解和规范政府作为公共管理者和国有资产所有者两种职能，完善与新体制适应的国有资产管理体制，政府基本退出对企业经营活动的直接行政干预。

（2）改进经济调控职能。应主要以经济和法律手段而不是行政性直接干预手段实施宏观调控，制定经济社会发展规划，增强对国际经济环境变动的应对能力。

（3）健全市场法规和制度，应以法律制度界定和保护产权，保障产品和生产要素的流通，打破地方和部门的行政性垄断或限制，建立和维护统一、开放和公平竞争的市场秩序，为市场进入者创造有基本信用的、可预期的、公平竞争的秩序。

（4）完善市场服务，促进基础设施建设，注重教育和人力资本投资，推动技术创新和传播，加强信息服务。

（5）改进收入分配和社会保障，逐步建立和完善覆盖全社会的高效率的社会保障制度，通过有效的税收和转移支付制度，调节国民收入分配，促进社会公正与和谐。

（6）增强社会冲突管理，倡导政府与经济社会生活中不同利益集团的沟通与交流，为经济和社会发展中弱势群体提供必要援助，形成与社会多元发展趋势相适应的多渠道、多层次社会利益协调机制，促进社会稳定和全面进步。

（7）加强经济与社会可持续发展的协调，正确处理人口、资源、环境和经济发展的关系，用经济、行政和法律手段保护和合理开发自然资源，治理环境污染，保持生态平衡，降低经济发展的社会成本。

（8）推动中介组织和行业协会的规范与发展。要转变政府职能，必须在科学定位政府职能的基础上，建立健全社会中介组织，使其能承担起政府转移出来的部分职能。

## 二、提升效率全面推进审批制度改革

深入推进行政审批制度改革，凡是由市场调节、企业自主决定、中介机构能够提供服务的事项,改"审批制"为"登记制";凡依法保留的涉及安全生产、环境保护、社会保障等重要审批事项,在严格把关的同时,最大限度地简化手续,规范操作,限定时间,提高效率。

1. 减少审批和核准事项

保留法律和法规要求审批的事项,对社会经济情况已发生变化,可以不审批的,按程序重新审定后,可以取消审批;原则上取消市政府及各部门的规范性文件规定的审批事项;取消或者合并有关企业登记注册、市场准入、企业经营活动等方面的审批事项;取消产业政策鼓励和允许项目的准入限制和许可证管制,申请注册企业的,直接到工商行政管理部门登记注册。属于企业自主权的还权于企业,可以由中介组织履行的职能,移交给中介组织,政府部门依法监管。对有营利性指标和额度限制的审批事项,必须采用公开招标、拍卖和抽签等方式进行分配。

2. 严格规范继续保留的审批事项,减少审批环节

明确并对外公布审批的对象、内容、条件、程序和时限、要求申报的有关材料,以及各级政府及其部门的职责和权限,同时制定技术性和专业性比较强的审批事项的详细审批技术规范。除法律、行政法规明确规定外,实行申请人先领取营业执照,取得法人资格后,再向有关部门报批的程序。审批事项涉及两个以上部门和单位的,由一个部门牵头主审,实行联合审批和部门会签制度。推行"窗口式办文"制度,并改进审批管理规则。建立和完善社会听证制度和专家审查(咨询)制度。实施"网上政府"工程,政府各部门和单位统一联网,通过网络实现信息公开,信息共享,网上收文,网上审批,网上送达。

3. 加强监管和日常管理

对保留的审批事项,实行"谁审批,谁监管"的原则。对取消的审批事项,各部门要依法制定严格的、可操作的行业监管措施,尤其是对重点事项和关键环节,要制定专门的监管办法。加强监督力量,切实保证审批的后续监管人员到位、责任到位、措施到位。加大行政执法力度,规范市

场秩序。清理整顿社会中介机构，规范发展社会监督力量。对中介机构进行改革和改制，与所挂靠的党政机关彻底脱钩，真正做到独立、客观、公正执业。

4. 加强行政审批管理法制化建设，完善对审批行为的监督机制

实行行政组织职能编制、行政审批、行政程序和行政收费的法定化，逐步完善行政审批管理的法规体系。凡是增设审批事项，必须有法律、法规和行政规章作依据。

继续推行"三公开"制度、岗位交流制度、公文督办制度、统一的行政解释制度、行政过错责任追究制度、重大事项集体决定制度等，加强内部约束和监督。要依法制定严格的、操作性强的监管措施，建立行政审批责任制和相应的奖惩、考核办法。

加强行政监督和社会监督，建立审批责任监督检查制度。行政监察机关会同有关部门，对审批部门领导和审批人员，实行定期或不定期的审批责任检查，对违法违规审批的，按有关规定对责任人进行处理，并在新闻媒体上曝光。

对违法违规审批、行政审批不作为、利用审批权牟取私利等行为，要加大处罚力度。对违反党纪政纪的，给予党纪政纪处分；触犯刑律的，移交司法机关处理。

5. 结合审批制度改革，进一步规范对行政事业性收费的管理

取消的审批事项，其收费必须同时取消。保留的审批事项，其收费将依法进行清理和重新规范，适当降低收费标准，减少收费环节，简化收费手续。由各部门分散审批改为联合审批后，要适当合并收费项目，调减收费标准，实行一次申报，一次收缴。

## 三、创新观念深化行政管理体制改革

1. 改革创新行政管理体制

将行政管理职能分为决策、执行和监督 3 部分，三者相辅相成、相互

制约、相互协调。

整个政府职能按照大行业、大系统分成决策、执行和监督3个“职能块”。每个决策部门对应设立几个执行部门。经济决策部门可设1个决策机构,事务管理按照部门化原则和管理幅度设若干执行部门。

重大决策主要由决策部门来制定。它和执行部门之间订有绩效合同,执行部门按照法规、政策、办法来运作,履行其绩效合同,实现其责任、目标、任务等,形成纵向的制约关系。

每个决策部门设两类咨询机构:一是服务于决策局的咨询机构,设在政府内部;二是制约决策局权力的咨询机构,它可以劝告、修改甚至否决决策局的决定。制约决策局职权的咨询机构由非政府官员组成,理想的结构是本专业专家占1/3,非专业专家占1/3,退休或退居二线的资深局级干部占1/3。这样形成横向的制约机制。

监督部门主要包括行政监察和会计检查(审计)机构,它们属于相对独立的监督部门,主要进行法纪监督、政策评价、会计检查和绩效监督。

2. 理顺各级政府和各部门的利益关系

(1)强化政府的服务功能。各级政府部门要减少审批项目,增强服务意识,增加服务内容,改进服务方式,实现从“以审批为主”的管理方式向“以服务为主”的管理方式转变。

(2)完善政府分级管理体制,城市管理重心下移。市、区、镇三级政府要合理分工,责任明确,充分发挥区政府在发展经济和管理城市中的作用,为此,将市政府职能部门的部分审批权和管理权下放给区政府或直属分局。各区政府也应将一部分城市管理的权限和责任下放给镇,从而实现城市管理重心下移。

(3)提高行政效率。通过向区政府下放部分审批权,减少审批环节,缩短审批链条。推行电子政务、“一站式”和“并联式”审批方式,缩短审批时限,提高行政效率。

(4)责权利统一。区、镇要承担发展经济、管理城市的责任,必须享有相应的审批权和管理权，下放事权要做到“财随事转”、“人随事转”。要落实区、镇两级政府的责任制，做到“谁审批、谁管理、谁负责”。

## 四、借助技术手段提高行政管理效率

电子政务是信息技术与现代政府管理的有机结合的产物，由于其速度快，效果好，效率高，受到世界各国政府的青睐，把政府改革同电子政务建设密切结合，实现高效率政府管理和服务。

(1)把政府机构改革同电子政务建设有机的结合起来，对政府业务流程进行必要的重组，从更好地对公众服务和管理的角度出发，建立精干高效的扁平式网络化政府组织机构。

(2)积极推进政府电子服务，丰富服务项目和服务手段，加强对政府部门电子服务的协同研究，制定政府部门电子服务协作规范，使各级政府部门在管理和服务时协同一致，真正实现高效率的政府管理和服务。

(3)在现有政府网页的基础上，建设综合性的政府网站(含信息发布、征询意见、社会服务等内容)，加大信息量，提高政府工作的透明度；建立政府办公网，实现网上自动化办公，并逐步推行网上报批、审批和招标、采购等服务，提高工作效率。

## 五、建立长效机制持续优化投资环境

投资环境是动态的，随着城市经济结构的演进，投资者对投资环境的需求是不断变化的，投资环境需要不断完善和升级，才能满足城市产业发展和投资者的需求。因此，优化投资环境工作应建立长效机制，政府应建立优化发展环境的综合研究、统筹规划、集中部署和有效督导的组织框架，建立意见反馈、投资环境评估等工作制度，并坚持不懈，有效推进投资环境优化工作，增强城市投资环境的竞争力和吸引力。

**案例7－3：提高效率，精简行政审批事项——北京着力进行制度建设**[①]

为了提高政府的宏观管理效率和有效性，加快建立适应市场经济体制的政府管理系统，北京市大刀阔斧地对现行行政审批制度进行改革，到2000年3月底已有行政审批事项精简40%。据初步统计，北京市65个具有行政审批职能的市政府部门和市属企事业单位部门，共承担审批事项2398项，其中审批1163项，核准433项，审核544项，备案258项。这些审批事项主要集中在经济调节、城市管理和社会事务管理部门。其中，属于对单位资质、行业许可方面的审批就有400多项，占了六分之一以上。

应该承认，在计划经济条件下，行政审批是政府管理社会经济的比较有效的基本手段和方式。但是，随着市场经济体制的逐步建立，以原有的行政审批事项和简单的审批手段去处理复杂的市场问题，必将影响市场体系的发育。只有把那些不该管、管不了，实际上也管不好的事情，坚决从政府职能中分离出来，政府才能把那些应该管的事情真正管好。

繁琐的行政审批事项，影响政府的办事效率，更容易滋生官僚主义作风。政府一些部门长期存在的“门难进、脸难看”现象与过多的行政审批事项不无关系。市政府要求今后凡是可通过公开招标、拍卖等市场化手段，公开、公平、合理地配置指标的盈利性项目，都应该取消审批，通过市场竞争来解决。精简行政审批事项的关键在于转变职能，改进审批程序和方式，建立廉洁、高效的工作机制，交出不该管的事情，管好该管的事情，建立科学规范、廉洁高效、公平公正、监管有力政府审批制度。

## 第七节　理顺思路做大引资规模

一个地区良好的投资环境将有助于吸引更多的外商投资，同样，大量

① 付晓东、胡铁成，《区域融资与投资环境评价》，商务印书馆，pp:430－431。

外商投资尤其是跨国公司投资，将会为城市注入雄厚资金、带来最新科研成果，最新管理理念，无疑对城市经济结构、产业布局带来积极影响。因此，积极做好招商引资工作，尤其是促进跨国公司投资方面，具有重要的现实意义。

## 一、完善管理体制树立“大招商”观念

从战略的高度认识外资工作的重要性，上级招商引资部门要加强对下级部门的指导和协助，下级要加强与上级的沟通、协调，实现招商引资部门的联动、合作。各市、县、区招商引资部门要指派专人负责与省级主管部门的工作联络，建立省、市、县（区）三级联络员制度，健全信息收集和通报交流机制。

## 二、争取优惠政策增添招商活力

优惠政策和政府服务水平是招商引资软环境的重要部分。要进一步解放招商引资思想，目前各城市招商引资政策不一，差别较大。建议各市要进一步解放招商引资思想，学习其他城市招商引资政策的经验，从长远打算，出台有竞争力的优惠政策。在提高政府服务水平，构建“服务型政府”方面，各市应进一步解放观念，以发展经济为重，增强服务意识，全社会形成招商引资合力，真正做到亲商、安商、富商，以优良环境和优质服务增强外商投资的信心。

## 三、打造信息化平台提高招商引资效率

信息化平台的建设有助于招商引资工作的精准化，高效化，密切关注海内外公司的投资意向，掌握全面、丰富的招商引资信息，结合自身区域及产业结构优势，更加有选择、有目的地开展招商引资工作。信息化平台的建设主要做到两点：一是客户信息库的建立。建立科学、规范的信息库管理系统，尤其是掌握世界500强企业、大型跨国公司在海外以及在华投

资信息，摸清投资方式、投资产业、投资规模、投资收益、投资评价以及当地投资环境等一手数据。并通过先进的办公工具，如邮件群发、传真群发等系统，争取和客户逐步建立合作关系。二是加强信息化网站建设。在信息库数据的分析、整理基础上，及时更新招商信息，提供互动性招商服务与网上办理审批手续等，提高招商效率。同时，条件允许的机构还应开设多语言版本，以增强宣传推介效果。除利用本机构网站外，还应与省级投资促进专业网站进行链接，扩大网站的点击率和影响力。

## 四、依托产业园区实行产业链招商

产业园区是招商引资的重要载体，一方面，应加快各种产业园区建设，完善产业园区综合配套能力，尤其注重生活设施、娱乐设施，以及多种多样的生产性服务，提升园区档次。另一方面，应准确定位园区功能。园区不应成为各种产业杂乱的聚集地，而应当科学规划，准确定位，打造“特色园区”，形成规模产业。根据“工业集中、产业集聚、园区集约”的原则和产业布局特点，以优势产业为基础，以大型企业为龙头，围绕产业链招商，促进产业整合和产业聚集，形成特色产业和产业集群，降低成本，集约发展。

## 五、创新招商引资模式巩固中介招商主体

学习上海、苏州中介招商模式，逐步由政府主导招商向市场主导招商模式转变，走市场营销道路。政府应逐渐淡出“主导”地位，而专注于公共服务领域，并在政府、中介组织、投资者之间建立一种新型关系，为招商引资创造一个良好的投资环境和创业氛围。中介公司将成为未来招商引资的主体。一是构建中介招商体系。加快组建由大量相关企业、专家组成的招商中介体系，包括项目设计公司、招商代理公司、企业管理咨询公司、会计师事务所、律师事务所等，进行招商中介的有效整合，促其发展壮大，提升质量和水平，提高招商引资成功率。二是大力发展行业协会，充

分发挥行业协会的专业性，联动政府机构、投资者、企业，促进招商引资工作的开展。

## 六、建立激励机制调动招商引资工作积极性

建立招商引资激励机制，出台招商引资实施细则明确、操作性强、公开透明的奖励办法，对于在招商引资工作中做出突出贡献的机构和工作人员，要依据贡献大小，给予不同程度奖励。对于因工作失职或个人能力没有完成预期任务的机构和个人，要给予一定的惩罚和后续培训。通过奖惩分明、富有挑战的激励机制，充分调动工作人员的积极性，促进招商引资工作的有效开展。

## 七、完善招商评价制度做好反馈与总结工作

当招商引资项目建设完成或投产后，招商中介组织应聘请专家组从国家产业发展政策导向、资源消耗、供地量与投资额、产出效益、配套需要、科技贡献率、生态环境影响等几个重要的方面提出评估意见，然后汇总得到项目的整体评价，将其和招商引资项目负责人和相关人员的年终评先评优挂钩，与招商引资项目部门的工作经费挂钩，与人员的提拔任用挂钩，真正实现招商引资从业人员在薪酬和提拔任用方面的公平、公正。

## 八、因地制宜招商引资凸显区域引资战略

东部地区应致力于建设公正透明的引资政策，提高招商引资的质量，重点吸引资金和技术密集型外商直接投资，坚持以利用先进技术和高新技术为主导，以带动国外先进的生产技术和科学的管理方法等一揽子转移，以加快区域产业技术进步的步伐，从弥补资金缺口为主转变为以弥补技术缺口为主的引资政策。中部地区有别于东部地区的以质制胜的原则，而是要从自身的情况出发，坚持质量与数量并重的原则。从产业选择上讲，既要吸收利用劳动密集型外商直接投资，又要吸收资本与技术密集

型外商直接投资。西部地区应大力提高经济发展水平,充分发挥后发优势,实现跳跃式发展,大大提高自己的经济水平,从而缩小与东部地区的差距。由于基础设施建设周期长、收益慢且投资巨大,需要政府投资来满足经济发展的要求。另外,在中西部开发过程中,政府应该鼓励东部企业在西部开发市场,给欠发达的中西部企业带去先进的管理和创新的生产方式。

**案例 7-4:地方政府招商引资 12 种模式点评①**

每个地区对“招商引资”这个词恐怕都不陌生——有哪个渴望发展本地经济的地方政府没搞过大大小小五花八门的招商引资活动呢?但要真说起这招商引资有哪些具体形式,恐怕少有人计数过。现在就随我们来数一数,做到心中有数。

1. 政府组团招商

这是从 20 世纪 80 年代盛行至今的传统招商方式,各级领导集体出行,到各地声势浩大地推荐自己的资源优势和招商项目,一般来说,人财物的耗费巨大,而且就形式而言,随着信息化和网络化的迅猛发展,它正逐步过时、消失。因为利用互联网上的政策网站,完全可以清晰地表达你的意图和详尽的情况,而不必作反复的陈述。甚至有一种意见认为,越是热衷于此种方式的地方,要么是领导的意识陈旧,要么就有“公费旅游”的嫌疑,投资价值自然也就大不了。

2. 小分队招商

因为政府统一组团的种种不足,这种招商形式又演变成“小分队招商”,即避免兴师动众,改由三五人的小组到目标引资地去洽谈项目。比起上一种方式,这种方式选择的项目和招商目标更有针对性,成功率也比上一种要高。

3. 网上招商

---

① 付晓东、胡铁成,《区域融资与投资环境评价》,商务印书馆,pp:479-482。

随着互联网的迅猛发展,网上招商成为国际惯例。有人将其优势总结为:一是可以把所有投资者需要了解的信息图文并茂地在网上展示出来,让全世界投资者知晓。二是建站成本低,效益大。三是速度快,效率高。通过电子邮件,在网上几分钟之内就能够完成信息咨询与交流。四是交流简便,交互性强。通过网络联系,可以进行双方或多方的信息交流,可以在网上进行国际长途电话、明码传真、网上会议以及异地客商的贸易和项目谈判等业务。五是银行参与,信誉度高。目前,这种方式已经为各地引资所普遍采用。

4. 展览招商

这也是广为运用的一种方式,最为典型、最为成功的要属深圳高新技术产品交易会。通过对项目和产品的集中展示,广泛吸收人气,从而达到招商的目的。会展业的发达,与招商热不无关系。

5. 文化招商

各地都有自己的特色文化,如何让这些沉淀的人文精粹再度焕发,为经济建设服务?“文化招商”是一个很好的切入点。北京市宣武区在深圳进行投资推介时,打的就是极具北京特色的“宣南文化”的旗帜,推介的是极具文化特色的经济项目。德化县是中国三大古瓷之一,它在深圳举行德化名瓷展,在展出包括清代古瓷器的同时,也展示了120多家企业制作的10万件新时期德化的瓷器精品,使此次展览既是一次鉴赏交流陶瓷的盛会,又是一次商贸合作的良机。在特色民俗文化显著的地方,可考虑采用这种方式。

6. 旅游招商

旅游招商既能吸引游客又能吸引投资者,可谓一举两得,何乐而不为呢?这也是各地民歌节、荔枝节、火把节、风筝节等旅游活动长盛不衰的原因。如2001年宁夏在举行“大漠黄河国际旅游节”的同时,又进行“宁夏投资贸易洽谈会”,最大程度地把游人和投资者聚集过来。

7. 以商招商

国外投资者注重科学分析,而国内投资者却往往特别相信亲友投资者,如有亲友以自己的亲身经历证明某地投资环境好,他就会毫不犹豫地到该处投资。利用这个特点,一些地方开始注重“以商招商”,真诚地帮助现有的投资者,并通过他们引进更多的资金和商家。

8. 委托招商

与中介招商相似,采取有偿或者无偿的办法,委托外商、外放驻华机构、华侨以及国外的一些特殊机构、特殊人员等,牵线搭桥,推荐项目,联络客户,招揽外商前来投资。这种方式特别能弥补招商者对外地情况不熟悉的缺陷。

9. 顾商招商

这种方式与委托招商相似,但担任顾问者均是个人。江西省永丰县在这方面做得很好,2000 年该县在 300 多位永丰籍在外知名人士、外来客商、商界活动家、投资中介机构代表和全县“十家”营销人员当中,确定了 176 人为委托招商特约顾问。顾问们积极性高涨,纷纷把客商介绍到永丰投资兴企。通过特约顾问的穿针引线,2000 年成功引进了 6 个项目,到位内外资 4000 多万元。

10. 学术招商

2000 年 9 月举办的“西部大开发与江苏发展战略”研讨会取得了丰硕成果,除收到 130 多篇优秀论文之外,还达成 41 个东西部合作项目及资金 27 亿元。1999 年福州举办“招商月”活动时亦运用了这一方式称之为“学术招商”,达到了理论与实践相结合的效果。

11. 联合招商

2001 年 4 月 23 日,2001 年“澳门珠海投资环境介绍会”开幕,这是两地联合招商的新尝试。两地联合招商的概念就是要集合两地的优势和资源,形成整体投资环境。

12. 上市增资

通过上市、增资也是引资的一个很好渠道。境外上市主要有3条渠道:在中国香港包装上市;在海外募股上市;间接买壳上市,即通过收购,取得国外上市公司的控股权,注入国内资产或业务,达到海外上市的目的。三资企业增资,即现有三资企业经过一段时间的运行后,外方为扩大企业生产规模、增强产品竞争力,对原有企业增加投资,再行注入新的资金。通过这两种方式引资,关键在于地方政府要努力把现有投资者留住。

特别提示

招商引资形式并不是主要的,主要的是招商内容。必须把重点放到内容上,如选择符合国家产业政策的项目,提高招商人员的交际水平及外语表达能力,建设好一个公开、公平、公正的法制环境,加强市民的精神文明素质建设等。只有这样通过恰当的形式把内容表现出来,才能收到好的效果;否则,就是形式主义,劳民伤财,没有意义。

结束语

投资环境,也就是投资区位,它实际上是一种宝贵的资源与财富,既是历史积淀和现实建设的结果,也是未来发展的基础。与投资(资本)相连而形成的投资环境(区位)更是蕴藏着无穷无尽的财富。研究评价投资环境,开发地方区位资源,为我国现代化服务,责无旁贷。让投资环境、投资区位激发我们的创造力和想象力吧!

# 参考文献

[1]高汝喜,张建华．三大区域苏三地投资环境比较[J]．上海经济研究,2003(2).

[2]南京大学社会学系“世界500强投资中国各城市情况专项调查”课题组．上海、南京、杭州外商投资环境的比较研究[J]．江苏社会科学,2003,(3).

[3]盛从锋,徐伟宣,许保光．中国省域投资环境竞争力评价研究[J]．中国管理科学,2003,(6).

[4]袁持平,谢文建．珠江三角洲地区外商投资环境评估[J]．社会主义研究,2003,(3).

[5]刘建伟．试论投资环境研究的几个理论与实践问题[J]．兰州大学学报(社会科学版),1998,(4).

[6]方维慰,李同升．投资环境研究评述[J]．宁夏大学学报(自然科学版),1999,(2).

[7]程玉鸿．城市投资环境研究方法初探[J]．韶关大学学报,1998,(1).

[8]文余源．中国主要城市投资环境评价[J]．国土与自然资源研究,2001(4).

[9]沈玉芳,马淑燕．长江沿江主要城市投资环境评价及其产业布局拓展的方向研究[J]．经济地理,1999,(3).

[10]吴相利．国际宜商城市的投资环境评价[J]．世界地理研究,2001,(1).

[11]曲建．跨国公司对华投资的新趋势和对投资环境的新要求[J].开放导报,2003,(6).

[12]陈亮,李一智．用主成分法评估城市投资环境研究[J]．湖南经济管理干部学院学报,2002,(3).

[13]鲁明泓,潘镇．中国重要城市投资环境评估与比较——兼论南京市投

资环境[J]. 南京社会科学,2002,(1).

[14]张驰. 88个地级和地级以上城市投资环境调查评价[J]. 科学学与科学技术管理,1998,(4).

[15]文余源. 中国主要城市投资环境评价[J]. 国土与自然资源研究,2001,(4).

[16]张敦富. 投资环境评价与投资决策[M]. 北京:中国人民大学出版社,1999.

[17]王秉安等. 区域竞争力理论与实证[M]. 北京:航空工业出版社,2000.

[18]张五常. 经济解释——张五常经济论文选[M]. 北京:商务印书馆,2001.

[19]郭信昌. 投资环境——分析·评价·优化[M]. 北京:中国物价出版社,1993.

[20]鲁明泓. 国际直接投资区位决定因素[M]. 南京:南京大学出版社,2000.

[21]邓宏兵. 区域投资环境研究[M]. 武汉:中国地质大学出版社,2001.

[22]王慧炯等. 中国的投资环境. 京港学术交流[J],1987.

[23]程连生. 中国城市投资环境分析[J]. 地理学报,1995.

[24]吴国蔚. 对外直接投资环境评价指标的模糊分析方法[J]. 北京工业大学学报,1998.

[25]文余源. 多种评价方法在投资环境评价中的综合应用[J]. 经济地理,2002.

[26]毛蕴诗. 跨国公司战略竞争与国际直接投资[M]. 广州:中山大学出版社,2001.

[27]鲁明泓. 外国直接投资区域分布与中国投资环境评估[J]. 经济研究,1997,(12).

[28]鲁明泓. 制度因素与国际直接投资区位分布——一项实证研究[J]. 经济研究,1999,(7).

[29]张纪康. 直接投资与市场结构效应[M]. 上海:上海财经大学出版

社,1999.

[30]苏亚芳. 城市投资环境的评价模型及应用[J]. 地理研究,1994,(3).

[31]陈聪辉,杨永建. 新税制下增创涉外企业投资环境新优势的探讨[J]. 福建税务,1994,(10).

[32]何兴刚. 城市开发区:区位选择 投资环境 产业结构[J]. 开发研究,1994,(2).

[33]汤宝昌. 创造一流投资环境 发展高新技术产业[J]. 中国科技产业,1994,(1).

[34]李荷君. 建立投资环境评估学的几点设想[J]. 投资研究,1994,(9).

[35]王海英. 试论投资环境的几个问题[J]. 烟台大学学报(哲学社会科学),1994,(4).

[36]张敦富. 应加强投资环境的软科学研究[J]. 中国科技论坛,1994,(5).

[37]程连生. 中国城市投资环境分析[J]. 地理学报,1995,(3).

[38]外商对我投资环境的评价[J]. 东南亚南亚信息,1995,(9).

[39]复旦发展研究院. 上海发展报告——跨世纪的上海经济[M]. 上海:复旦大学出版社,1995.

[40]崔宏楷. 中国区域投资环境评价研究. 东北林业大学博士论文,2007.

[41]刘传江,冯碧梅. 西部大开发与中部发展战略的比较与思考[J]. 区域经济与城市经济,2008,(5).

[42]张健. 外商直接投资区域选择研究. 暨南大学硕士学位论文,2004.

[43]吴为超. 投资环境评估指标体系研究. 江西财经大学硕士学位论文,2003.

[44]何伟. 区域投资环境评价研究. 重庆大学硕士学位论文,2005.

[45]周林. 区域投资环境评价研究与实证分析. 首都经济贸易大学硕士学位论文,2007.

[46]中国台湾区电机电子工业同业协会著. 2008年中国大陆地区投资环境与风险调查. 商周编辑顾问股份有限公司,2008.

[47]胡兆量. 大城市的超前发展及其对策[J]. 北京大学学报(哲学社会科

学版),1986,(5).

[48]刘纯彬. 中国城市化要以建设中等城市为重点[J]. 财经科学,1988,(7).

[49]陈伟民,蒋华园. 城市规模效益及其发展政策[J]. 财经科学 2000,(4).

[50]吴友仁,夏宗玕. 关于合理发展中等城市的几点看法[J]. 城市规划,1981,(3).

[51]周一星. 论我国城镇化的地域差异[J]. 城市规划,1983,(2).

[52]胡序威. 对我国城镇化水平的剖析[J]. 城市规划,1983,(2).

[53]张庭伟. 对城市化发展动力的探讨[J]. 城市规划,1983,(5).

[54]周一星. 关于明确我国城镇概念和城镇人口统计口径的建议[J]. 城市规划,1986,(3).

[55]焦秀琦. 世界城市化发展的S形曲线[J]. 城市规划,1987,(2).

[56]刘红星. 温州市城镇化特点分析和水平预测[J]. 城市规划,1987,(2).

[57]朱英明,姚士谋. 我国城市化进程的原则框架[J]. 城市研究,1999,(5).

[58]张启成. 城市化发展趋势与城市生态环境建设[J]. 城乡建设,2003,(2).

[59]曾芬钰. 城市化与产业结构优化[J]. 当代经济研究,2002,(9).

[60]刘萍. 对城乡分割的城市化道路的反思[J]. 福建财会管理干部学院学报,2007,(4).

[61]黄祖辉,王敏,万广华. 我国居民收入不平等问题:基于转移性收入角度的分析[J]. 管理世界,2003,(3).

[62]林闽钢. 中国农村贫困标准的界定[J]. 管理现代化,1994,(2).

[63]李静. 城市化对城乡收入差距影响实证分析[J]. 合作经济与科技,2007,(4).

[64]陆学艺. 构建和谐社会与社会结构的调整[J]. 江苏社会科学,2005,(6).

[65]辜胜阻．中国城镇化的发展特点及其战略思路[J]．经济地理,1991,(3).

[66]王碧峰．城市化问题讨论综述[J]．经济理论与经济管理,2001,(3).

[67]董大敏．城市化与经济发展研究综述[J]．商业经济,2004,(10).

[68]高帆．二元经济结构理论最新研究进展[J]．经济学动态,2003,(9).

[69]王颖．城市发展研究的回顾与前瞻[J]．社会学研究,2000,(1).

[70]林毅夫,刘明兴．中国的经济增长收敛与收入分配[J]．世界经济,2003,(8).

[71]程庆生,李昌中．我国产业结构与城市化关联分析[J]．统计与决策,2004,(6).

[72]尹志刚,焦永刚,马小红,王雪梅,李宁,曹颖．北京市城市居民贫困问题调查报告[J]．新视野,2002,(1).

[73]王铮,王露．中国合意城市化率研究[J]．中国管理科学,2000,(2).

[74]王金营．经济发展中人口城市化与经济增长相关分析比较研究[J]．中国人口资源与环境,2003,(5).

[75]丁金宏．论中国人口城镇化水平与机制——基于1990年人口普查的分析[J]．中国人口科学,1993,(1).

[76]李文溥,陈永杰．中国人口城市化水平与结构偏差[J]．中国人口科学,2001,(5).

[77]杨治,杜朝晖．经济结构的进化与城市化[J]．中国人民大学学报,2000,(6).

[78]赵新平,周一星．改革以来中国城市化道路及城市化理论研究述评[J]．中国社会科学,2002,(2).

[79]王新文．城市化发展的代表性理论综述[J]．中共济南市委党校济南市行政学院济南市社会主义学院学报,2002,(1).

[80]高强．日本美国城市化模式比较[J]．经济纵横,2002,(3).

[81]刘伟德,郭培民．城市化与政府政策[J]．宁波大学学报(人文科学版),2000,(1).

[82]秦宪文．城市化与产业发展[J]．山东师范大学学报(人文社会科学

版),2004,(1).

[83]王丽萍.论城市化与可持续发展战略[J].山西科技,1999,(3).

[84]杨升祥.当代中国城市化的历程与特征[J].史学月刊2000,(6).

[85]恒茂.论加快我国城市化进程[J].中共四川省委党校学报,1999,(3).

[86]迟福林.第二次转型[M].北京:中国经济出版社,2010.

[87]2009—2010年中国城市规划设计市场发展研究报告.中国市场调查研究中心,2010.

[88]迎接中国十亿城市大军.麦肯锡全球研究院,2008.

[89]中国120个城市竞争力的提高.世界银行,2006.

[90]中国城市化空间及其形成机制.清华大学建筑学院,2010.

[91]高志刚.中国西部省区投资环境比较研究.新疆财经学院经济开发研究所,2008.

[92]李重力.香港对大陆直接投资的现状、问题及九十年代战略构想[M].载于大学毕业同学会奖学金基金学术研究报告(1990—1991),香港:香港大学毕业同学会出版,1991:174－175.

[93]邓宏兵.投资环境评价原理与方法[M].武汉:中国地质大学出版社,2000:30,126－198,200－203.

[94]罗伯特·斯托鲍夫.如何分析外国投资气候[J].哈佛商业评论,1969:9－10.

[95]王慧炯.中国投资环境[M].北京:京港学术交流中心,1987:3－21.

[96]张郭富.中国投资环境[M].北京:化学工业出版社,1993:10－12.

[97]毛汉英.粤东沿海地区外向型经济发展与投资环境研究[M].北京:中国科学技术出版社,1994:183－193.

[98]郭文卿.大福州地区外向型经济发展与投资环境综合研究[M].北京:中国科学技术出版社,1994:96－149.

[99]刘洪明.中国各地区投资环境对比分析[J].地域研究与开发,1996,(2):34－30.

[100]许刚,余之祥.长江三角洲地区投资环境及其分级研究[J].云南地

理环境研究,1996,(2):18 - 27.

[101]鲁明泓. 外商直接投资区域分布与中国投资环境评估[J]. 经济研究,1997,(12):37 - 44.

[102]濮励杰,周生路. 江苏外向型经济投资环境研究[J]. 经济地理,1998,(3):99 - 103.

[103]苏亚芳. 城市投资环境的评价模型及其应用[J]. 地理研究,1994,(3):14 - 24.

[104]程玉鸿. 城市投资环境研究方法初探[J]. 韶关大学学报(社会科学版),1998,(1):37 - 43.

[105]鲁明泓. 南京投资环境刍议[J]. 南京社会科学,1999,(11):56 - 59.

[106]姚士谋,管驰明等. 难道大都市的区位功能与投资环境评价[J]. 南京社会科学,1999,(增刊):3 - 7.

[107]李同升. 我国西部地区大中城市投资环境评价与分析[J]. 人文地理,2002,(8):80 - 84.

[108]闵建蜀. 投资环境评估法[A]. 王慧炯. 中国投资环境[C]. 北京:京港学术交流中心,1987:3 - 21.

[109]郭文卿,郎一环等. 中国沿海开放城市投资环境综合评价系统[A]. 王慧炯. 中国的投资环境[C]. 北京:京港学术交流中心,1987:30 - 35.

[110]郭信昌. 投资环境分析·评价·优化[M]. 北京:中国物价出版社,1993:180 - 225.

[111]程连生. 中国城市投资环境分析[M]. 地理学报,1995,(3):240 - 247.

[112]石忆绍,洪琳等. 中国投资环境评价方法论研究[J]. 同济大学学报(社会科学版),2003,(2):65 - 71.

[113]徐大图,黄东兵. 投资环境的评价与改善[M]. 天津:天津科学技术出版社,1993:87 - 05.

[114]苏亚芳. 沿海港口城市投资环境信息系统[M]. 北京:中国科学出版社,1994:3 - 11.

[115]熊利亚,苏理宏. 重庆市区投资环境评价系统应用研究[J]. 自然资源,1997,(12):53 - 61.

[116]张敦富,张红. 投资环境和投资区位选择的若干分析、评价方法[A]. 载于1993年全国房地产研讨会论文集[C]. 1993:44－77.

[117]徐大图,黄东兵. 开放城市投资环境评价指标及评价方法研究[J]. 中国软科学,1993,(3):37－41.

[118]毛汉英等. 粤东沿海地区外向型经济发展与投资环境研究[M]. 北京:中国科学技术出版社,1994:183－193.

[119]刘洪明. 中国各地区的投资环境对比分析[J]. 地域研究与开发,1996,(6):34－39,51.

[120]濮励杰,周生路等. 江苏省外向型经济投资环境研究[J]. 经济地理,1998,(3):102.

[121]吴玉鸣. 中国区域投资环境评估指标系统的构建及综合评价方法[J]. 南都学坛,2002,(2):112.

[122]沈玉芳,马淑燕. 长江沿江主要城市投资环境评价及产业拓展方向研究[J]. 经济地理,1999,(3):41－46.

[123]文余源. 中国城市产业对象性投资环境评价——以信息产业为例[J]. 现代城市研究,2001,(3):23－26.

[124]刘建伟. 试论投资环境研究的几个理论与实践问题[J]. 兰州大学学报(社会科学版),1998,(4):71－75.

[125]朱应庚等. 关于投资环境的几个问题[J]. 云南社会科学,1995,(2):16－24.

[126]刘洪明. 关于投资环境的研究[J]. 天津师范大学学报(自然科学版),1997,(1):52－58.

[127]邓宏兵. 投资环境学[M]. 武汉:中国地质大学出版社,2000:32－33.

[128]黄朝永. 投资环境研究面临的变革——科学化与产业化[J]. 地理科学进展,1998,(3):11－16.

[129]陈康幼. 投资经济学[M]. 上海:上海财经大学出版社,2003:225.

[130]楚天娇,杜德斌. 世界主要国家(地区)R&D投资环境评价[J]. 软科学,2005,(3):17－22.

[131]戴园晨. 投资环境及其评价体系[J]. 中国社会科学,1994,(1):39－46.

[132]董秘刚,周蕙君,贾明德. 陕西省主要城市投资环境研究——基于因子模型分析[J]. 技术经济与管理研究,2008,(6):124-147.

[133]方晓丘. 世界与中国的投资环境[M]. 福州:福建人民出版社,1993.

[134]方新华. 小城市投资环境评价体系研究[D]. 硕士学位论文,浙江大学,2004.

[135]方英. 国际直接投资环境综合评价模型[J]. 数量经济技术经济研究,2003,(5).

[136]高会丽,胡燕京. 西部地区投资环境的因子分析及政策建议[J]. 西安石油学院学报(社科版),2002,(2):7-11.

[137]侯黎杰,晋新焕. 中原城市群竞争力比较分析[J]. 新乡师范高等专科学校学报,2007.

[138]侯景新. 区域经济分析方法[M]. 北京:商务印书馆,2004.

[139]刘厚俊,鲁明泓. 江苏投资环境现状及对策[J]. 国际贸易,1994:(5)35-39.

[140]刘世庆. 内陆地区改善投资环境的对策研究[J]. 投资研究,1991,(8):29-33.

[141]苏亚芳. 城市投资环境的评价模型及应用[J]. 地理研究,1994,(3).

[142]UNCTAD World Investment Report[R]. NewYork: UN,2002.

[143]H Lin, Q Wan, X Li, J Chen, Y Kong GIS-based Multi-criteria evaluation for investment environment [J]. Environment and Planning B: Planning and Design, 1997,24:403-414.

[144]IMD World Competitiveness Yearbook(2001) [M]. IMD, Luanne, Switzerland,2001.

[145]Walter Kemmerer, The Driver of Foreign Direct Investment into Research and Development [J]. Journal of International Business Studies, 1999,30(1): 1-24.

[146]Petra Chrisman and Glen Taylor, Globalization and the Environment; Determinates of Firms Self-regulation in China [J]. Journal of International Business Studies, 2001,32(3): 439-458.

[147]Wilbur Chung, Identifying Technology Transfer in Foreign Direct Invest-

ment; Influence of Industry Conditions and Investing Firm Motives [J]. Journal of International Business Studies, 2001, 32(2): 211 – 229.

[148] Yaw Mee – kau, "Investment Environment Perceptions of Overseas Investors of Foreign – funded Industrial Firms", Reprinted from; "Shanghai Transformation and Modernization Under China's Open Policy", Y. M. Yeung and Sung Yun – wing (eds.) Hong Kong, The Chinese University Press, 1996.

[149] Fischer, Stanley, 1993: "The Role of Macroeconomic Factors in Growth", Journal of Monetary Economic, 32:3, 485 – 512.

[150] Frankel, Jeffrey and David Roomer, 1999: "Does Trade Cause Growth?" American Economic Review, 89:3, 279 – 96.

[151] Bourne L S. Internal Structure of the City: Readings on Space and Environment. New York: Oxford University Press, 1971.

[152] Brinkman F and Riveted P. Urban Studies, 1993, (30): 319.

[153] Gurgler J. The Urbanization of the third World. New York: Oxford University Press, 1988.

[154] David Wheeler and Ashoka Mody. International Investment Location Decision: the Case of U. S Firms [J]. Journal of International Economics, Aug, 1992: 89 – 103.

[155] Chang K. Taiwanese Foreign Direct Investment and Trade with Thailand [J]. Singaproe Journal of Tropical Geopraphy, 1994, 15(2): 112 – 127.

[156] Florida R, Kenney M. Restruction in Place, Japanese Investment, Production Organization, and the Geography Steel [J]. Economic Geography, 1992, 68 (2): 174 – 178.

[157] Florida R, Kenney M. The Globalization of Japanese R&D: The Economic Geography of Japanese R&D Investment in the United State [J]. Economic Geograph, 1974, 70(4): 344 – 369.

[158] Chen, Chien – Hsun. Regional Determinants of Foreign Direct Investment in Mainland China, Journal of Economic Studies, 23(2), 1996.

[159] David Wheeler and Ashoka Mody. International Investment Location Deci-

sion:the Case of U. S. Firms [J]. Journal of International Economic, 1992, (8): 89 - 103.

[160] Dunning, J. H. . How Multinational Choose Their Locations, Trade and Industry, 26, May, 1978.

[161] Dunning, J. H. International Investment, Harmondsworth: Penguin Books, 1972.

[162] Dunning, J. H. Studies in International Investment, London: George Allen&Unwin, 1970.

[163] Florida. R. , Smith. D. F. Venture Capital Formation, Investment and Regional Industrialization, Geography, (3). 1993.

[164] Florida. R. , Kenny, M. . The Globalization of Japanese R&D: The Economic Geography of Japanese R&D Investment in the United States. Economic Geography, (4). 1994.

[165] H Lin, Q Wan, X Li, J Chen, Y Kong. GIS - based Multicriteria Evaluation for Investment Environment [J]. Environment and Planning B: Planning and Design, 1997, 24: 403 - 414.

[166] Haner, F. T. Country Risk Assessment [M], Praeger Publishers, New York, 1985.

[167] Leung CK. Innovation Environment, R&D Linkages and Technology Development in Hongkong. Regional Studies, 20(6). 1995.

[168] Lok - Sang Ho. Regional Balance of Payment Problem: An Interpretation. Regional Studies, (5). 1993.

[169] Robort. B. Stobaugh. Where in the World Should We that Plan. Harvard Business Review, 1969.

[170] UNCTAD. World Investment Report [R]. New York: UN, 2002.

[171] Yehua Wel Spatial and Temporal Variations of the Relationship between State Investment and Industrial Output in China. Tijdschrift voor Ecomomische enSocial Geografie, 86(2), 1995.

# 后　记

开展中国城市投资环境的研究，长期以来一直是萦绕心头的愿望。研究国家竞争力的专家迈克尔·波特教授将经济发展划分为生产要素驱动、投资驱动、创新驱动和财富驱动 4 个阶段，中国经济的发展总体而言基本处于要素驱动和投资驱动的阶段，投资依然是经济增长的主要动力。从各地区经济发展的路径来看，珠三角地区在发展初期主要是依靠引进外资特别是港澳台地区的资本实现经济的起飞；到长三角和环渤海地区加速发展时期，跨国公司的投资开始发挥重要作用；而中西部地区未来的发展将会有大量的内资特别是沿海地区的投资参与其中。

中国城市化的进程中，招商引资或称投资促进始终是地方政府工作的重中之重，城市的投资环境也必然是城市管理者所非常关注的问题。但究竟如何评价分析城市的投资环境，从而达到改善优化投资环境的目标，目前还是一个有待深入研究的领域。综合开发研究院区域发展规划研究所长期关注这一领域的研究，也准备对国内主要城市投资环境的评价做出一些积极的探索。

本人通过在相关领域中的积累，将对投资环境的研究形成了这一阶段性的成果，也是作为今后继续深入研究的一个基础。本书的顺利完成首先要感谢综合开发研究院曲建和武良成两位副院长的大力支持，他们对于整体架构、研究思路和方法等方面均给予了宝贵的指导意见。其次要感谢本人所在区域发展规划研究所刘祥、葛彬、林伟军等研究人员的热心协助，在资料收集、数据处理以及文字校对和排版等方面不遗余力。此外，还要感谢中国社会科学院王东升博士在书稿修改过程中的积极参与，多次的讨论中给予了不少有益的建议。

回顾十多年前，曾经有幸参与到一个中国国际竞争力研究的项目之中，每年推出关于中国国际竞争力的年度报告，感觉到在宏观层面上是为国家竞争力的评价和提升做着一项颇有意义的工作。结合多年来工作经历的体会，非常希望未来能够通过对投资环境的研究，从中观层面上为中国城市投资环境的改善做出同样具有现实意义的工作，为国家经济发展和城市化进程尽应尽之力。

刘容欣

2011 年 7 月 8 日于深圳